Disney Prinzessin

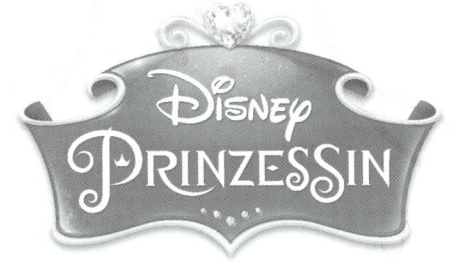

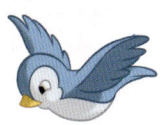

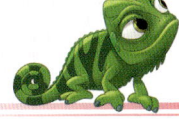

Wunderbare Märchenwelt

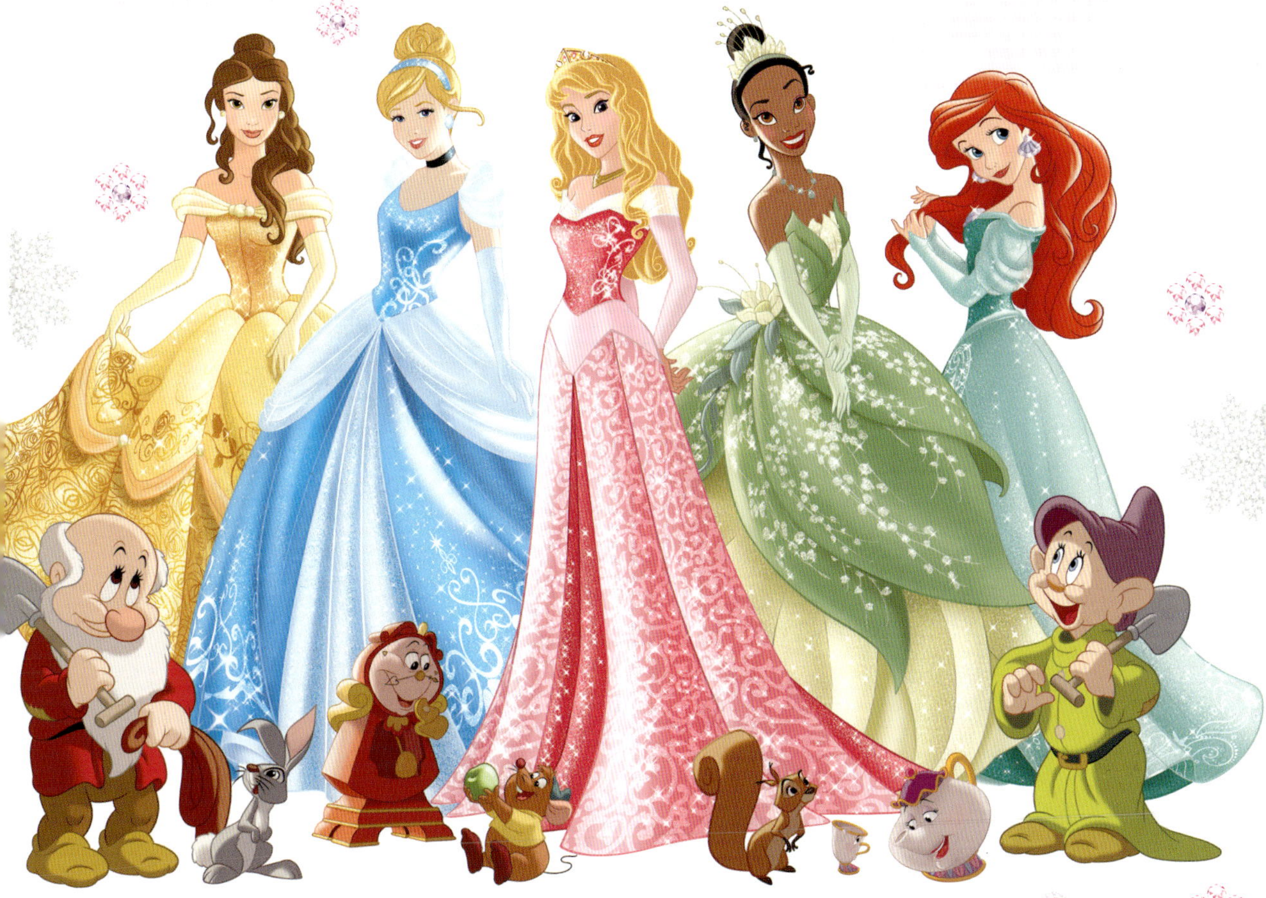

Text von Beth Landis Hester und Catherine Saunders

Inhalt

Einleitung

Willkommen in der märchenhaften Welt der
Prinzessinnen. Dieses bezaubernde Buch erzählt dir
ihre aufregenden Geschichten – vom Anfang bis zum
glücklichen Ende. Dabei wirst du vielen wunderbaren
Gestalten begegnen und allerlei Spannendes
über sie erfahren. Du wirst ihre besten
Freunde und ihre größten Träume
kennenlernen. Und du wirst sehen:
Ob gut oder böse, klein oder groß,
jeder einzelne Figur spielt in ihrer
Geschichte eine wichtige Rolle.

Schneewittchen
und die sieben Zwerge

Schneewittchen war so
wunderschön von Charakter und
von Gestalt, dass die eitle Königin
sie nicht überstrahlen konnte.
Als die Prinzessin ihr Zuhause
verlassen musste, fand sie Freunde,
wo sie es nie erwartet hätte.

Inhalt

Die böse Königin

Die grausame Königin ist eiskalt, eitel und von ihrer eigenen Schönheit besessen. Jeden, der besser aussieht als sie, räumt sie aus dem Weg, denn sie will um jeden Preis die Schönste im ganzen Land sein.

Der Zauberspiegel lügt nie. Die Königin ist die Schönste im Land – aber nicht mehr lange.

Stechende grüne Augen

Königlicher Stehkragen

Ziel: Die schönste Frau im Königreich sein – zumindest äußerlich

Lieblingsfarbe: Pechschwarz

Mag: Befehle erteilen; Magie; in den Zauberspiegel blicken

Mag nicht: Hübsche Prinzessinnen

Es war einmal eine böse Königin mit heimlichen Hexenkräften, die über ein bewaldetes Königreich herrschte. Bei ihren Untertanen war die grausame Frau sehr gefürchtet. Das kümmerte sie jedoch nicht, denn für sie zählte nur ihre Schönheit. Tagtäglich stellte sie ihrem Zauberspiegel dieselbe Frage: „Wer ist die Schönste im ganzen Land?" Und jeden Tag antwortete der Spiegel: „Ihr seid die Schönste im Land." Die Königin war glücklich.

Die Königin hatte eine Stieftochter: das sanfte und gütige Schneewittchen. Sie war so wunderschön, dass die Königin fürchtete, sie könnte sie eines Tages an Schönheit übertreffen. Darum kleidete die Königin das Mädchen in Lumpen und ließ es als Dienstmagd arbeiten. Von früh bis spät schuftete Schneewittchen, fegte und schrubbte und war doch glücklich dabei – sie sang, träumte und redete mit ihren Freunden, den Tieren. Ihr größter Wunsch war es, von einem stattlichen Prinzen entdeckt und geliebt zu werden.

Schneewittchen

Das gutherzige, fürsorgliche Schneewittchen ist allseits beliebt, vor allem bei den Tieren. Obwohl sie es nicht leicht hat, glaubt sie fest daran, dass ihr eines Tages Gutes widerfahren wird.

Geflickte Kleidung

Schneewittchen am Wunschbrunnen

Mag: Singen, tagträumen, anderen helfen, Geschichten erzählen

Mag nicht: Unordnung, schlechte Manieren, finstere Wälder

Glaubt: Spricht man einen Wunsch in den Wunschbrunnen und hört ein Echo, so erfüllt er sich!

Der Prinz

Der Prinz ist genauso bezaubernd und hübsch wie in Schneewittchens Träumen. Er ist überglücklich, seine große Liebe gefunden zu haben, und will für immer mit ihr zusammenbleiben.

Der schöne Prinz überrascht Schneewittchen.

Roter Umhang

Mag: Reiten, Schneewittchen vorsingen

Mag nicht: Von Schneewittchen getrennt sein

Zuhause: Ein Schloss

Traum: Die große Liebe finden und heiraten

Eines Tages kam ein Prinz zum Schloss der Königin. Er hörte Schneewittchens Gesang und war von ihrer Stimme bezaubert. Als er sie erblickte, verliebte er sich in ihre Schönheit und Anmut. Schneewittchen, überrascht vom Anblick des Prinzen, schämte sich wegen ihrer zerlumpten Kleider und lief davon. Doch als der Prinz ihr vorsang, vergaß sie ihre Sorgen und lauschte seiner schönen Stimme. Schon bald hatte auch Schneewittchen ihr Herz an den Prinzen verloren.

Der Prinz singt für Schneewittchen ein wunderschönes Liebeslied.

Leider hatte die böse Königin die Begegnung zwischen Schneewittchen und dem Prinzen beobachtet. Ihr gefiel nicht, was sie sah. Hinzu kam, dass der Zauberspiegel am Morgen ihre größte Angst bestätigt hatte: Nicht mehr sie selbst, sondern Schneewittchen war nun die Schönste im Land. Erbost schmiedete die Königin einen finsteren Plan, um das Mädchen für immer loszuwerden. Sie befahl dem Jäger, Schneewittchen tief in den Wald zu führen und zu töten. Dann sollte er zu ihr zurückkehren und Bericht erstatten.

Der Jäger

Der Jäger kennt Schneewittchen schon seit ihrer Kindheit. Er mag sie sehr und will ihr nicht wehtun. Doch er weiß, dass die Königin ihn bestraft, wenn er ihren grausamen Befehl nicht ausführt.

Die schreckliche Königin verlangt einen Beweis für Schneewittchens Tod.

Scharfes Jagdmesser

Mag: Schneewittchen

Mag nicht: Die bösen Befehle der Königin ausführen

Stärken: Für gewöhnlich ist der Jäger der Königin treu ergeben. Doch dies ist kein gewöhnlicher Befehl.

Im Wald

Schneewittchen liebt die Natur und hält sich gerne im Wald auf. Tiere waren schon immer ihre besten Freunde. Nie würde sie einem Lebewesen Leid zufügen.

Hübsche Schleife

Der Jäger bittet Schneewittchen um Vergebung und rät ihr, weit fortzulaufen.

Frisch gepflückte Waldblumen

Umhang gegen Kälte

Der Jäger sah zu, wie Schneewittchen fröhlich Blumen pflückte und einem kleinen Vögelchen half, das sich im Wald verflogen hatte. Da wurde ihm klar, dass er diesem gutherzigen Mädchen nichts antun konnte. Er gestand Schneewittchen den bösen Plan der Königin und flehte sie an, davonzulaufen und sich tief im Wald zu verstecken. Danach kehrte er zur Königin zurück und gab vor, ihren Befehl befolgt zu haben. Diese schenkte seinen Worten Glauben und war besänftigt.

Schneewittchen indes rannte tief in den Wald hinein, wo es finster und unheimlich war. Auf einmal erschienen ihr die Bäume und Baumstümpfe wie Monster und wilde Tiere. Verängstigt und erschöpft sank sie schließlich schluchzend auf einer Lichtung zu Boden. Doch am nächsten Morgen sah der Wald ganz anders aus. Als Schneewittchen erwachte, war sie von putzigen Waldbewohnern umringt, und alle wollten ihr helfen: Vögel, Rehe, Kaninchen, Streifenhörnchen, Waschbären und Eichhörnchen.

Neugierig nähern sich die Waldtiere Schneewittchen.

Tiere des Waldes

Die Waldtiere sind neugierig, fürchten sich aber auch ein wenig vor der Prinzessin. Als sie zu singen beginnt, merken die Tiere jedoch, dass sie jemand Besonderes ist. Sie haben keine Angst mehr vor ihr!

Scheues Lachen

Zuhause: Zauberwald

Leibspeise: Nüsse, Beeren und Blätter

Mögen: Schneewittchen so gut wie möglich helfen

Mögen nicht: Angst haben

Sieben Zwerge

Die Zwerge marschieren zum Bergwerk und graben dort von früh bis spät. Ihr Leben ist langweilig und ihre Wohnung schmutzig ... bis Schneewittchen erscheint. Sie merken gleich, dass sie jemand Besonderes ist und vergöttern sie.

Chef

Schlafmütz

Pimpel

Happy

Die Waldtiere kannten das perfekte Versteck für Schneewittchen. Sie führten sie zu einem winzigen Häuschen mit klitzekleinen Möbeln. Schneewittchen dachte, dass Kinder dort lebten.

In die sieben Bettchen waren Namen geritzt. Wer auch immer die Bewohner waren, sie hießen wohl Chef, Happy, Hatschi, Seppl, Brummbär, Pimpel und Schlafmütz – und waren ganz schön unordentlich! Schneewittchen machte sich daran, das Häuschen aufzuräumen und zu putzen. Schon bald war es blitzblank. Erschöpft von der anstrengenden Arbeit schlief Schneewittchen auf einem der Bettchen ein.

Schneewittchen putzt das unordentliche, aber gemütliche Häuschen.

Wenig später kamen Chef, Happy, Hatschi, Seppl, Brummbär, Pimpel und Schlafmütz nach Hause. Es waren sieben Zwerge! Sie trauten ihren Augen kaum, als sie sahen, wie sauber ihr Häuschen war, und fürchteten, dass ein Monster das getan hatte. Doch dann entpuppte sich das „Monster" als eine bildhübsche Prinzessin. Schneewittchen erklärte ihre Lage und bot den Zwergen an, für sie zu kochen und zu putzen, wenn sie sie vor der bösen Königin versteckten. Die Zwerge waren einverstanden – besonders, als sie von ihrem Stachelbeerkuchen hörten. Nur Brummbär fürchtete Probleme.

Brummbär

Seppl

Hatschi

Schneewittchen singt und tanzt mit den Zwergen.

Zuhause: Eine Hütte im Wald

Leibspeise: Apfelstrudel und Stachelbeerkuchen

Mögen: Singen und tanzen

Mögen nicht: Ordnung halten, sich vor dem Essen waschen

Die Bettlerin

Mithilfe eines Zaubertranks verändert die Königin ihre Gestalt und ihre Stimme, sodass Schneewittchen ihre verkleidete Stiefmutter nicht erkennt. Ihre Freunde die Tiere spüren jedoch, dass das alte Weib böse ist!

Schneewittchen war glücklich bei den Zwergen und wähnte sich in Sicherheit. Als die Königin aber ihren Spiegel befragte, ob sie die Schönste im Land sei, sagte der, dass Schneewittchen immer noch schöner sei!

Die Königin war erzürnt, dass man sie betrogen hatte. Sie braute einen Zaubertrank, der sie in eine alte Bettlerin verwandelte. Mit einem vergifteten roten Apfel im Gepäck brach sie auf, um Schneewittchen zu finden.

Der Trank bestand aus grausigen Zutaten wie einem schrillen Schreckensschrei.

Vergifteter Apfel

Gehstock

Wallender Umhang

Der giftige Apfel ist saftig und verführerisch.

Schneewittchen glaubt, der Apfel erfüllt Wünsche.

Glückliches Ende

Schneewittchen hat immer daran geglaubt, dass ihr Prinz eines Tages kommen würde, und sie hat recht behalten. Der Prinz hat sie auf sein prächtiges Schloss mitgenommen. Alle ihre Träume wurden wahr.

Die Königin traf Schneewittchen alleine an. Sie schenkte ihr den Apfel und behauptete, er könne Wünsche erfüllen. Schneewittchen wünschte sich ihren Prinzen herbei und biss hinein. Doch dann fiel sie in einen tiefen Schlaf. Die Zwerge glaubten, Schneewittchen sei tot. Sie waren untröstlich und betteten sie im Wald in einen gläsernen Sarg. Eines Tages stieß der Prinz darauf. Schon lange hatte er Schneewittchen gesucht. Er küsste sie und sie erwachte, denn wahre Liebe bricht jeden Fluch.

Hübsches Kleid aus edlem Tuch

Der Kuss des Prinzen holt Schneewittchen ins Leben zurück.

Wallender gelber Rock

Kunstvoller
Knoten

Schwarzes
Halsband

Blaues
Glitzerkleid

Cinderella

In einer Dachkammer in einem winzigen Königreich lebte einmal das Dienstmädchen Cinderella. Ihre Tage waren lang und arbeitsreich, aber sie glaubte fest daran, dass sich ihr Leben eines Tages zum Besseren wenden würde. Mit Hoffnung im Herzen und ein wenig Magie werden ihre Träume vielleicht wahr.

Inhalt

Cinderella

Cinderella ist gütig, sanft und zuversichtlich. Sie glaubt fest daran, dass ihre Träume sich erfüllen. Vielleicht wird sie eines Tages sogar den Königspalast besichtigen!

Als Kind lebte Cinderella mit ihrem liebevollen Vater in einem großen Haus in Frankreich. Es war erfüllt von Liebe und Luxus. Die kleine Cinderella besaß fast alles, was sich ein Mädchen nur wünschen kann. Doch leider starb ihre Mutter, und ihr Vater beschloss, wieder zu heiraten, damit Cinderella nicht ohne Mutter aufwachsen musste. Die elegante Stiefmutter zog mit ihren beiden Töchtern ins Haus und sie wurden eine große Familie.

Schürze für Hausarbeit

Zuhause: Eine winzige Dachkammer in einem großen Haus

Arbeit: Stiefmutter und Stiefschwestern bedienen

Mag: Schöne Träume; Zeit mit den befreundeten Tieren verbringen

Cinderellas neue Familie ist stets gut gekleidet.

Cinderella muss hart arbeiten.

Die Stiefmutter

Die Stiefmutter wirkt elegant und kultiviert. Doch unter ihrem gepflegten Äußeren verbirgt sich ein missgünstiges, von Neid erfülltes Herz.

Teure Brosche

Anfangs schien Cinderellas neue Familie nett zu sein. Doch als auch Cinderellas Vater starb, wurde die Stiefmutter herrschsüchtig und gemein. Cinderella musste von nun an als Dienstmädchen für sie arbeiten. Von früh bis spät musste sie putzen, kochen und nähen. Sie arbeitete bis zur Erschöpfung, und doch wachte das Mädchen jeden Morgen von der Hoffnung erfüllt auf, dass ihr Leben sich eines Tages zum Besseren wenden würde.

Mag: Geld; Cinderella den ganzen Tag herumkommandieren

Mag nicht: Dass Cinderella hübscher ist als ihre Töchter

Ziel: Ihre Töchter mit angesehenen Männer zu vermählen – mindestens Großherzögen!

Drisella und Anastasia

Drisella singt gerne von Nachtigallen, doch ihre Stimme ist alles andere als lieblich! Die plumpe Anastasia kann nur davon träumen, so elegant wie ihre Mutter zu sein! Die Schwestern zanken pausenlos.

Während die Stiefmutter Cinderella schlecht behandelte, verwöhnte sie ihre Töchter Drisella und Anastasia nach Strich und Faden mit schicken Kleidern und teuren Juwelen. Im Haushalt rührten die beiden keinen Finger – es sei denn, um auf Cinderella zu zeigen und sie auszulachen. Aus Ärger darüber, dass Cinderella schöner war als sie, luden die Gören ihr noch mehr Arbeit auf. Innerlich wie äußerlich waren die Schwestern durch und durch hässlich. Selbst in ihren feinsten Kleidern konnten sie Cinderella nicht das Wasser reichen.

Kaum ist sie wach, kommandiert Anastasia Cinderella herum.

Drisellas Kleid hat Puffärmel.

Anastasia hat rotes Haar.

Mögen: Lange schlafen, reiche Männer treffen, Cinderella ihre Kleider waschen und bügeln lassen

Mögen nicht: Mäuse in ihrem Zimmer – sie halten sie für grausige, hässliche Wesen!

Talente: Sie haben keine!

Selbst Kater Luzifer wurde besser behandelt als Cinderella. Er schlief in einem gemütlichen Bett neben der Stiefmutter und Cinderella musste ihm jeden Morgen das Frühstück servieren, noch bevor sie selbst etwas zu essen bekam!

Dennoch bemühte sie sich stets, das Gute in Luzifer und dem Rest ihrer Familie zu sehen. Sie wollte trotz aller Gemeinheiten mit jedem gut auskommen.

Im Laufe der Jahre wuchs Cinderella zu einer hübschen jungen Frau heran. Doch während ihre Stiefschwestern sich auf Bällen und Festen vergnügten, bekam Cinderella keine Gelegenheit auszugehen.

Der gemeine Luzifer überlegt, wie er Cinderella eins auswischen kann.

Luzifer

Der alte Luzifer ist ein hinterhältiger Kater, der am liebsten Unruhe stiftet! Er jagt die Mäuse, piesackt den Hund und stört Cinderella bei der Arbeit, wann immer er kann. Von wegen Schmusekatze!

Listiges Grinsen

Dicker Bauch von zu viel Milch

Mag: Verhätschelt und verwöhnt werden; anderen Leuten Ärger machen

Mag nicht: Mäuse; Baden; früh geweckt werden

Liebster Zeitvertreib: Mäuse jagen, Bruno ärgern

Mäuse und Vögel

Die kleinen Mäuschen sind für gewöhnlich menschenscheu, doch sie wissen, dass Cinderella gut für sie sorgt. Die niedlichen Singvögel wecken Cinderella jeden Morgen mit lieblichem Gezwitscher und singen gerne mit ihr gemeinsam.

Die Tiere, die bei der Familie lebten, waren Cinderellas einzige Kameraden. Sie behandelte sie wie echte Freunde und schneiderte für die Mäuse und Vögel sogar kleine Hemden, Mützen und Westen. Sie sorgte dafür, dass sich jedes einzelne Tier als etwas Besonders fühlte. Im Gegenzug sangen die Tiere ihr lustige Lieder vor, flickten ihre Kleider und Schuhe und halfen ihr auch sonst, so gut sie konnten.

Leinen-
mütze

Schneiderschere
für Näharbeiten

Die Tiere sind stets hilfsbereit.

Zuhause: Verschiedene Ecken und Nischen im Haus

Mögen: Cinderella helfen – besonders, wenn sie dabei die Stiefmutter austricksen können!

Mögen nicht: Von fiesen Katzen gejagt werden

Bruno und Major

Der treue Jagdhund Bruno träumt oft davon, Luzifer zu jagen! Er will nicht unhöflich sein, aber das fiese Katzenvieh nervt einfach. Brunos Freund Major kennt Cinderella schon seit langer Zeit. Er ist ein überaus treuer Gaul.

Cinderella liebt Major und das treue alte Pferd vergöttert sie.

Einige der Tiere, wie Bruno der Hund und Major das Pferd, waren schon zu Lebzeiten ihres Vaters mit Cinderella befreundet. Nur zu gerne hielten sie den lästigen Luzifer davon ab, Unordnung und Ärger zu stiften. Alle Tiere freuten sich, Cinderella zu sehen, wenn sie in den Garten kam, um die Hühner zu füttern, Eier einzusammeln und das Frühstück für ihre Familie zuzubereiten. War Cinderella einmal traurig, standen die Tiere ihr zur Seite.

Major

Bruno

Mögen: Luzifer jagen und einschüchtern, Cinderella zum Lachen bringen

Mögen nicht: Wie die Stiefmutter und ihre Töchter Cinderella behandeln

Leibspeise: Frühstück

Der König

Der König weiß, was er will – und er will es sofort! Wenn etwas nicht nach seiner Nase läuft, wirft er mit allem um sich, das er zu fassen kriegt: Tassen, Stühle und Waffen.

Zu jener Zeit plante der König in seinem Palast einen großen Ball. Alle Mädchen des Landes sollten daran teilnehmen, damit der Prinz sich eine Braut aussuchen konnte. Der König wünschte sich von Herzen, dass sein Sohn sich vermählte. Er war ein liebevoller Vater gewesen, und nun, da der Prinz erwachsen war, konnte er es nicht erwarten, Großvater zu werden. Es würden viele Mädchen zum Ball kommen, da würde der Prinz sich bestimmt in eines verlieben!

Gold-glänzende Knöpfe

Alle Mädchen werden eingeladen, selbst Cinderella!

Träume: Dass sein Sohn heiratet; Enkelkinder haben

Mag: Romantik; große Bälle geben

Mag nicht: Dass sein Sohn nicht heiraten will; wenn Menschen Fehler machen

Der Königspalast sieht nachts wunderschön aus.

Der Großherzog

Der engste Vertraute des Königs ist ein Mann der Tat mit einer romantischen Ader. Nach Jahren der Übung weiß er genau, wie man Wutausbrüche des Königs vermeidet und fliegenden Tassen ausweicht!

Königliche rote Schärpe

Der Großherzog war genau der Richtige, um den königlichen Ball zu planen, denn er kümmerte sich um die wichtigsten Aufgaben im Palast. So besänftigte er auch den König, wenn der mal wieder die Fassung verlor. Der Großherzog wollte dem König zwar begreiflich machen, dass der Prinz sich bestimmt irgendwann verlieben würde. Doch der König wollte nicht länger warten. Um den König nicht zu erzürnen, verschickte der Großherzog sogleich die Einladungen. Der Ball sollte noch am selben Abend stattfinden. Es war keine Zeit zu verlieren!

Mag: Seine Arbeit gut machen

Mag nicht: Ständige Forderungen des Königs; wenn seine Vorschläge ignoriert werden

Größte Angst: Den König zu verärgern – der Mann hat ein hitziges Gemüt!

Jacques

Der verwegene Mäuserich Jacques kennt das Haus wie seine Westentasche und weiß, wo es was zu knabbern gibt. Er ärgert gerne Luzifer und sorgt für Ablenkung, damit seine Freunde unbemerkt Futter stibitzen können.

Adleraugen, um Futter zu erspähen

Mag: Luzifer foppen, Cinderella aufmuntern, Futter suchen, im Haus Abenteuer erleben

Mag nicht: Die Stiefmutter und ihre Töchter

Leibspeise: Käse

In der Einladung stand, dass auf königlichen Befehl hin alle unverheirateten Mädchen zum Ball kommen sollten. Cinderella wusste, dass auch sie gemeint war! Ihre Stiefschwestern lachten sie aus, doch Cinderella beharrte auf ihr Recht, auf den Ball zu gehen. Schließlich erlaubte die Stiefmutter es ihr – sofern sie mit ihrer Arbeit rechtzeitig fertig wurde. Glücklich zeigte Cinderella den Tieren ein Kleid, das sie von ihrer Mutter geerbt hatte. Wenn sie es flicken könnte, wäre es für den Ball genau richtig. Doch Jacques wusste, dass Cinderella nach der Hausarbeit nicht mehr genug Zeit für ihr Kleid bleiben würde.

Dem alten Kleid fehlten bloß ein paar Rüschen und Schleifen.

Die Mäuse stibitzen Stoff für Cinderella.

Deshalb fasste er den Plan, Cinderella zu überraschen. Während sie arbeitete, flitzten Jacques und sein Kumpel Karli durch das ganze Haus und sammelten alles ein, was sie verwenden konnten. Sie brachten sich in große Gefahr, um sich eine alte Schärpe und Ketten zu angeln, die Anastasia und Drisella weggeworfen hatten. Nicht einmal Luzifer konnte sie aufhalten! Sobald sie alles Nötige beisammen hatten, machten sich die Mäuse ans Werk: Sie maßen und schnitten und nähten, bis sie ein wunderschönes Kleid geschneidert hatten.

Karli

Der naive Karli lässt sich leicht von seinem großen Appetit ablenken. Dann übersieht er Gefahren wie Mausefallen oder Katzenpfoten. Das hält ihn jedoch nicht davon ab, Cinderella zu helfen, wo er kann.

Zu kurzes Hemd

Mag: Mit anderen Mäusen spielen

Mag nicht: In Mausefallen festsitzen; wenn Menschen bei seinem Anblick loskreischen

Bester Freund: Jacques

Rosa Ballkleid

Cinderella ist überglücklich, das Kleid ihrer Mutter zum königlichen Ball tragen zu können. Mit vielen guten Ideen haben ihre Mäusefreunde das altmodische Kleid in etwas Wunderschönes verwandelt.

Alte Perlenkette

Neue Schleife

Währenddessen schuftete Cinderella schwer. Ihre Stiefmutter und ihre Stiefschwestern kommandierten sie den ganzen Tag herum und trugen ihr noch mehr Arbeit auf, damit sie nicht rechtzeitig fertig würde. Als die Kutsche eintraf, blieb Cinderella nicht einmal Zeit, sich zu waschen, geschweige denn ihr Kleid zu nähen. Doch als sie die Dachkammer betrat, hatten ihre Freunde eine Überraschung für sie: das alte Kleid ihrer Mutter mit hübschen neuen Schärpen und Schleifen. Es war perfekt!

Nie hätte Cinderella sich erträumt, einmal solch ein schönes Kleid zu tragen.

Überglücklich zog das Mädchen das Kleid an und eilte die Treppe hinunter, um die Kutsche nicht zu verpassen. Doch die Stiefmutter sah, dass Cinderella Anastasias

und Drisellas alte Ketten und Schärpen trug, und sagte es den beiden. Die boshaften Stiefschwestern beschuldigten

Die Stiefschwestern sind verblüfft, dass Cinderella rechtzeitig fertig ist.

Cinderella zornig des Diebstahls – obwohl sie die Sachen weggeworfen hatten. Sie zerrten und rissen an dem Kleid, bis es Cinderella in Fetzen vom Leib hing. So konnte sie auf keinen Fall zum Ball gehen! Die Stiefmutter und ihre Töchter gingen zufrieden aus dem Haus und ließen die arme Cinderella unglücklich zurück.

In Fetzen

Als ihre gemeinen Stiefschwestern ihr hübsches Kleid in Fetzen reißen, kann selbst die fröhliche Cinderella nicht länger gute Miene machen! Ihr Traum vom Ball ist ausgeträumt.

Wirres Haar

Kaputte Naht

Die gute Fee

Cinderellas gute Fee ist ein wenig zerstreut, aber überaus heiter und gütig. Sie sorgt dafür, dass das Mädchen zum Ball gehen kann. Ihr Zauber ist beeindruckend – solange er anhält.

In den Ärmeln steckt der Zauberstab.

Cinderella war untröstlich. Sie rannte hinaus in den Garten und weinte bitterlich. Zum ersten Mal in ihrem Leben fürchtete sie, dass ihre Träume niemals wahr würden.

Gerade als Cinderella alle Hoffnung aufgeben wollte, erschien eine gute Fee, um ihr zu helfen! Mit einem Schwung ihres Zauberstabs verwandelte die Fee einen Kürbis in eine noble Kutsche, Major in einen Kutscher, Bruno in einen Lakaien und vier Mäuse in Pferde.

Mag: Anderen mit ihrer Zauberei helfen, schöne Ballkleider und Schuhe herzaubern

Mag nicht: Ihren Zauberstab verlieren; Zaubersprüche vergessen

Lieblingszauberformel: Bibbiti Babbiti Buh

Als Cinderella ihr neues Kleid sieht, traut sie ihren Augen kaum.

Zuletzt verwandelte die gute Fee Cinderellas zerschlissenes Kleid in ein edles Gewand und ihre ausgetretenen Schuhe in feine Glasschuhe. Doch sie warnte das Mädchen: Der Zauber würde nur bis Schlag Mitternacht halten. Doch für Cinderella war das mehr Zeit als genug.

Bereit für den Ball

In ihrem schimmernden Ballkleid fühlt sich Cinderella wie eine Prinzessin! Doch es ist ihre liebenswerte Art, die sie wirklich von den anderen eleganten Damen auf dem Ball unterscheidet.

Glitzerndes Haarband

Seidenhandschuhe

Gezaubertes Kleid

Ein Kürbis wird zur glitzernden Kutsche.

Der Prinz

Der Prinz glaubt nicht, dass er seine große Liebe auf einem langweiligen Ball findet. Er hält das Ganze für Zeitverschwendung. Er ist noch nicht bereit für eine Frau und fühlt sich unter Druck gesetzt.

Schmuckvolles Schulterstück

Mag: Eigene Entscheidungen treffen; romantisch Walzer tanzen; Spaziergänge im Schlosspark bei Mondschein

Mag nicht: Langweilige Bälle; auf Brautschau gehen; bevormundet werden

Keines der Mädchen auf dem Ball gefiel dem Prinzen. Doch als Cinderella den Saal betrat, konnte er den Blick nicht von ihr abwenden. Sie tanzten, sprachen miteinander und verliebten sich. Doch die Zeit verflog viel zu schnell. Kurz vor Mitternacht eilte Cinderella aus dem Palast, bevor der Zauber seine Wirkung verlor. Dem Prinzen blieb nur ein gläserner Schuh.

Der König ordnete an, dass jede unverheiratete Frau im Königreich den Schuh anprobieren sollte. Diejenige, der er passte, sollte mit dem Prinzen vermählt werden.

Cinderella verliert einen ihrer gläsernen Schuhe auf der Treppe. Den zweiten behält sie als Erinnerung an den schönen Abend.

Als der gläserne Schuh zum Haus gebracht wurde, probierten Anastasia und Drisella ihn an. Er passte keiner. Bevor Cinderella ihn anziehen konnte, stellte die Stiefmutter dem Diener ein Bein. Er stolperte, der Schuh fiel zu Boden und zerbrach. Doch zu ihrem Entsetzen holte Cinderella den zweiten Schuh hervor und bewies damit, dass sie

Der zweite Schuh passt Cinderella wie angegossen.

das geheimnisvolle Mädchen war! Endlich hatte der Prinz seine Prinzessin gefunden.

Zu guter Letzt: eine königliche Hochzeit

Des Prinzen Braut

Cinderella hat nie den Glauben an ein besseres Leben verloren. Nun sind all ihre Träume wahr geworden. Sie ist frei von ihrer missgünstigen Stiefmutter und ihren bösen Stiefschwestern und so glücklich wie nie zuvor.

Diamant-ohrringe

Elegantes Hochzeitskleid

Goldene
Krone

Hübsches
rosa Kleid

Langer,
wallender
Rock

Dornröschen

Der Fluch einer bösen Fee hat das Leben der jungen Prinzessin Aurora für immer verändert. Nur durch die Zauberkraft dreier guter Feen und die Liebe eines Prinzen konnte sie ihren rechtmäßigen Platz im Königreich wieder einnehmen.

Inhalt

König Stefan und die Königin

Das geduldige, sanfte Königspaar regiert sein Reich mit Güte. Es wünscht sich seit Langem nichts sehnlicher als ein Kind. Bald wird sein Traum wahr.

Lieber Blick

Schick frisierter Bart

Zuhause: Ein prachtvolles Schloss

Mögen: Gäste auf dem Schloss empfangen; Zeit mit ihrem alten Freund König Hubert verbringen

Mögen nicht: Alle, die in ihrem Königreich Unruhe stiften

Seit vielen Jahren schon sehnten sich König Stefan und seine Königin nach einem Kind. Sie befürchteten, dass sich ihr Wunsch niemals erfüllen würde. Als ihnen schließlich eine Prinzessin geboren wurde, waren sie überglücklich! Sie nannten sie Aurora, was „Morgendämmerung" bedeutet, da sie so viel Sonnenschein in ihr Leben brachte. Zur Feier ihrer Geburt gaben die beiden einen großen Empfang. Gäste aus dem ganzen Königreich kamen herbei, um Aurora zu sehen. Stolz und voller Liebe sahen die Eltern zu, wie die Gäste eintrafen und das Baby mit Geschenken überhäuften. Nie waren sie glücklicher gewesen.

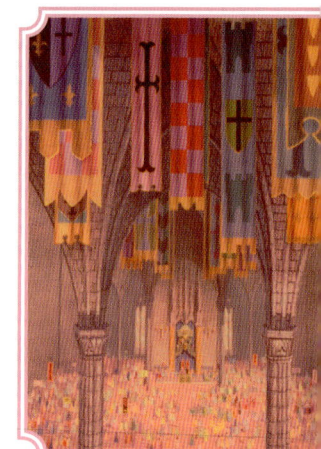

Das Königreich feiert mit den frisch gebackenen Eltern.

König Hubert und sein Sohn Philipp bringen der Prinzessin Geschenke.

König Hubert

Der vergnügte König Hubert ist ganz aufgeregt wegen der Verlobung seines Sohnes mit der Tochter seines besten Freundes! Er hofft, dass die Vermählung die beiden Reiche in Zukunft einen wird.

Zum Feiern erhobener Kelch

Bärtchen

In einem nahe gelegenen Reich lebte König Hubert mit seinem kleinen Sohn Philipp. Hubert und Stefan waren dicke Freunde und hofften schon lange, ihre Königreiche zu vereinen. Was wäre da besser geeignet als eine Hochzeit zwischen zwei Thronfolgern? Doch es mussten noch Jahre vergehen, bis die Kinder alt genug wären. Fürs Erste feierten Hubert und Stefan den prima Plan, ihre Kinder glücklich miteinander zu vermählen.

Mag: Tischreden halten, große Pläne schmieden, seinen Willen durchsetzen

Mag nicht: Wenn seine Pläne unbeachtet bleiben

Traum: Dass Aurora Philipp heiratet

Flora

Die gütige, aber strenge Flora ist die Anführerin der guten Feen. Häufig ist sie die Vernünftigste der drei – obwohl sie sich sehr für die Farbe Rosa begeistern kann!

Die Feen können es kaum erwarten, Aurora zu sehen.

Spitzer roter Hut

Mag: Tolle Geschenke zaubern; großartige Ideen haben; die zwei anderen Feen herumscheuchen

Mag nicht: Leute, die dunkle Magie nutzen

Lieblingsfarbe: Rosa

Unter den Gratulanten bei der königlichen Feier waren auch die guten Feen Flora, Fauna und Sonnenschein. Als das magische Trio sanft in den großen Saal schwebte, strahlten ihre liebevollen Gesichter vor Freude und Liebe zu dem Mädchen. Sie erklärten König Stefan und der Königin, dass sie Aurora mithilfe ihrer Magie drei Gaben gewähren wollten – eine von jeder Fee. Die Gaben sollten wohlüberlegt sein, damit das Mädchen später einmal alles hätte, was sie sich nur wünschen könnte. Flora war als Erste an der Reihe.

Flora verlieh Aurora Schönheit. Sie versprach dem Kind Haar so golden wie der Sonnenschein und Lippen so rot wie Rosen. Als Zweite war Fauna an der Reihe, das neugeborene Mädchen zu beschenken. Die liebe, sanfte Fee war wie verzaubert von der kleinen Prinzessin. Ihre Gabe an Aurora war das Talent zum Singen und die zauberhafteste Stimme im ganzen Land. Die Prinzessin würde später tagein, tagaus so süß singen wie eine Nachtigall.

Fauna schenkt Aurora das Talent zu Gesang und Musik.

Fauna

Die liebevolle Fauna denkt stets über alle nur das Beste. Wie jede gute Fee kann sie ihre Zauberkräfte nur für das Gute einsetzen – und das kommt der sanften Fee gerade recht.

Zauber-stab

Mag: Romantik; Happy Ends; Backen – obwohl sie es nicht besonders gut kann!

Mag nicht: Streit; Leute, die nichts von Liebe verstehen

Lieblingsgetränk: Eine schöne Tasse Tee

Malefiz

Malefiz ist eine durch und durch böse Fee. Sie ist überaus mächtig, leicht zu verärgern und ist oft jahrelang voller Groll. Sie ist wütend auf den König und die Königin, weil sie sie nicht zur Feier eingeladen haben.

Schwarze Hörner

Leuchtender Stab

Wallender Umhang

Zuhause: Der Verbotene Berg

Mag: Macht, düstere Pläne, Rache, dunkle Magie

Mag nicht: Dummheit; nicht zu königlichen Festen eingeladen werden

Urplötzlich erschien in einem Wirbel von böser Magie ein ungebetener Gast: die böse Fee Malefiz. Sie war wütend, weil sie nicht zur Feier eingeladen worden war, und verhängte aus Rachee einen schrecklichen Fluch auf die junge Prinzessin: An ihrem sechzehnten Geburtstag sollte Aurora sich vor dem Sonnenuntergang mit der Spindel eines Spinnrads in den Finger stechen und sterben! König Stefan befahl seinen Wachen, Malefiz zu ergreifen, doch es war schon zu spät. Sie verschwand so plötzlich, wie sie erschienen war.

Malefiz verschwindet in einem Flammenmeer. Selbst die Garde kann sie nicht aufhalten.

Malefiz' Fluch schien nicht abzuwenden zu sein, doch es gab noch einen Hoffnungsschimmer: Die dritte Fee, Sonnenschein, hatte der Prinzessin noch keine Gabe überreicht. Sie konnte den mächtigen Fluch zwar nicht aufheben, doch ihre Magie war stark genug, um ihn abzumildern. Sonnenschein bestimmte, dass Aurora, falls sie sich stechen würde, nur in einen tiefen, verzauberten Schlaf fallen würde. Der Kuss ihrer wahren Liebe würde sie wecken und den Bann brechen können.

Sonnenschein

Sonnenschein scheut sich nicht, ihre Meinung zu sagen, und hält stets treu zu den Menschen (und Feen), die sie liebt. Wer ihr nicht passt, wird mir nichts, dir nichts in eine Kröte verwandelt.

Zarte Feenflügel

Das Königspaar ist ratlos. Ihr geliebtes Baby wurde verflucht!

Mag: Magie einsetzen; die Vorstellung, Malefiz in etwas Schleimiges zu verwandeln!

Mag nicht: Von Flora herumgescheucht werden; ohne Flügel und Zauberstab sein

Lieblingsfarbe: Blau

Die Trolle

Malefiz' Handlanger sind hart und gefügig. Allerdings sind sie nicht schlau genug für ihre Aufgabe. Jahrelang suchen sie erfolglos nach Aurora.

Böser Blick

Funkelnde gelbe Augen

Um seine Tochter vor dem schrecklichen Fluch zu schützen, ließ König Stefan alle Spinnräder im Reich verbrennen. Doch die Feen wussten: Das würde nicht reichen, um Malefiz aufzuhalten. Sie schmiedeten einen Plan: Malefiz und ihre Trolle würden nach einer Prinzessin suchen, daher wollten die Feen Aurora mitnehmen und als Bauernmädchen großziehen. Sie würden ihre Zauberstäbe wegpacken und wie normale Menschen leben, um bis zu Auroras sechzehntem Geburtstag unerkannt zu bleiben.

Der König und die Königin müssen ihr Baby weggeben. Nur so ist es sicher.

Aufgabe: Prinzessin Aurora suchen, Malefiz' Festung bewachen

Mögen: Um riesige Lagerfeuer tanzen, Leute aufspüren

Mögen nicht: Malefiz' Launen

Schwäche: Dummheit

Sechzehn lange Jahre war Malefiz auf der Suche nach Aurora. Sie trug ihren Trollen auf, alle Städte, Berge und Wälder nach ihr zu durch-kämmen. Doch sie fanden keine Spur von ihr. Als der Geburtstag der Prinzessin nahte und die Trolle sie noch immer nicht gefunden hat-ten, wurde Malefiz zornig.

Die ganze Zeit über hatten die Trolle nach einem Baby gesucht und nicht kapiert, dass Aurora nun schon viel älter war!

Malefiz ist besorgt – ihr bleibt sehr wenig Zeit, um Aurora zu finden.

Verärgert schickte die böse Fee ihren Raben aus, um nach einem Hinweis auf das bildhübsche Mädchen zu suchen. Der Rabe war fest entschlossen, seine Herrin nicht zu enttäuschen.

Der Rabe

Malefiz' Rabe ist gerissen und hinterhältig. Er nutzt seine scharfen Augen, um Aurora aus der Luft aufzuspüren. Nie weicht er von Malefiz' Seite und tanzt stets nach ihrer Pfeife.

Große Schwingen, um weit zu fliegen

Ziel: Malefiz bei der Suche nach Aurora helfen

Mag: Leute bespitzeln und Malefiz alles berichten

Mag nicht: Die drei guten Feen und ihre Magie

Röschen

Das einfache Bauernmädchen lebt in einer Hütte im Tal. Es erfreut sich an den kleinen Dingen des Lebens, aber insgeheim sehnt es sich nach mehr. Röschen ahnt nicht, dass sie eine Prinzessin ist.

Röschen liebt ihre Tanten und deren lustige Art.

Goldenes Haar

Einfaches Bauernkleid

Zuhause: Eine bescheidene Holzfällerhütte im Wald

Mag: Singen, tanzen, träumen; Tiere; lange Spaziergänge; Beeren pflücken

Mag nicht: Wie ein Kind behandelt werden; einsam sein

Aurora wuchs als einfaches Mädchen mit neuem Namen auf – Röschen. Sie lebte bei drei Feen, die sie „Tanten" nannte. An Röschens sechzehntem Geburtstag hofften die Feen, dass sie bei Sonnenuntergang dem Fluch entgangen sein würde. Dann könnte sie in ihr Leben als Prinzessin zurückkehren. Die Feen planten eine Geburtstagsüberraschung für Röschen und schickten sie hinaus in den Wald, damit sie alles vorbereiten konnten. Mithilfe ihrer Magie zauberten sie ein wunderschönes Kleid herbei, das Röschen am Abend bei ihrer Rückkehr ins Schloss tragen sollte.

Röschen wanderte singend durch den Wald. Bald traf sie ihre einzigen Freunde: die Tiere, die dort lebten. Sie erzählte ihnen alles über den gut aussehenden Fremden, von dem sie geträumt hatte. Ihre Tanten hatten ihr zwar verboten, mit Fremden zu sprechen, doch sie wollte nicht länger wie ein kleines Kind behandelt werden. So würde sie niemals echte Freunde finden! Die Tiere tanzten mit ihr, um sie aufzuheitern.

Tiere des Waldes

Die lebhaften Waldtiere lieben nichts mehr, als mit dem hübschen, freundlichen Röschen zu spielen. Sie zaubern ihrer Freundin gerne ein Lächeln ins Gesicht.

Buschiger Schwanz

Die Tiere hören Röschen gern beim Singen zu.

Mögen: Spielen, Quatsch machen, Röschens Geschichten und Träumen lauschen

Mögen nicht: Wenn Röschen traurig ist

Talent: Mit Röschen tanzen

Prinz Philipp

Prinz Philipp ist mutig, schön und stark. Er will seinem Vater König Hubert gehorchen, aber er muss seinem Herzen folgen! Er ist fest entschlossen, die Frau zu heiraten, die er liebt.

Umhang

Ganz in der Nähe ritt Prinz Philipp auf seinem Pferd Samson vorbei. Er war auf dem Weg zum königlichen Schloss, um die für ihn bestimmte Braut Aurora zu treffen. Da hörte er Röschen singen. Er war von ihrer Stimme wie verzaubert und konnte nicht anders, als mit ihr zu tanzen. Anfangs machte der stattliche Fremde Röschen Angst, doch er beruhigte sie und sagte ihr, dass sie sich im Traum schon begegnet seien. Sie wusste nicht, wer er war, aber beim Tanzen verliebte sie sich in ihn.

Endlich hat Röschen ihren Traummann gefunden.

Traum: Jemanden heiraten, den er liebt

Mag: Schöne Musik

Mag nicht: Vom Pferd fallen

Talent: Schwertkampf – er besiegt jeden Gegner

Röschen ist vom Kleid und der riesigen Torte begeistert. Was für ein schöner Geburtstag!

Viel zu schnell musste Röschen nach Hause zurück, doch sie lud ihren neuen Freund für den Abend zu sich ein. Als sie in der Hütte ankam, freute sie sich über alle Maßen über die Geburtstagsüberraschung der Feen. Aber ihre Freude währte nicht lange. Als sie ihren Tanten von dem Fremden erzählte, eröffneten diese ihr liebevoll, dass sie ihn nie wiedersehen könne. Sie sei in Wirklichkeit eine Prinzessin und Prinz Philipp versprochen, den sie noch am selben Abend im Schloss treffen müsse.

Samson

Samson ist eines der stattlichsten Pferde im königlichen Stall und Philipps bester Freund. Er hat nichts gegen Querfeldeinritte, doch manchmal ist eine Extra-Mohrrübe nötig, damit er die gewohnten Wege verlässt.

Grinst verlegen

Starke Galoppbeine

Lieblingsessen: Mohrrüben

Eigenschaften: Treu, stark, mutig

Mag: Mit Prinz Philipp reiten. Samson ist das schnellste Pferd im Königreich und galoppiert jedem Verfolger davon.

Prinzessin Aurora

Die pflichtbewusste Aurora begibt sich ins Schloss, obwohl ihr Herz sich anderswohin sehnt. Zu ihrem Glück fehlt ihr nur der schöne Fremde!

Malefiz' Fluch führt Aurora zu einem leuchtenden Spinnrad.

Kleine Krone

Goldene Halskette

Atemberaubendes Kleid in tiefem Blau

Die untröstliche Aurora wollte ihren neuen Freund nicht vergessen, doch am Abend ritt sie zum Schloss. Was sie und die Feen nicht wussten: Malefiz' Rabe hatte ihr Geheimnis entdeckt. Er hatte Feenstaub aus der Hütte stieben sehen, als die Feen Auroras Kleid zauberten. Malefiz wusste nun, wo die Prinzessin war, und folgte ihr zum Schloss! Sobald Aurora alleine war, lockte Malefiz sie mithilfe ihrer bösen Magie zu dem schicksalhaften Spinnrad. Das Mädchen stach sich in den Finger und fiel in einen Zauberschlaf. Aber nicht alle Hoffnung war verloren. Die Feen erkannten, dass Philipp der Mann war, den Aurora im Wald getroffen hatte. Er war ihre große Liebe!

Als Philipp an diesem Abend zur Hütte ging, schnappte Malefiz ihn, um ihn von Aurora fernzuhalten. Doch die Feen befreiten ihn mit ihrer Magie. Philipp

Malefiz der Drache

In einem letzten erbitterten Kampf nehmen Malefiz' böse Kräfte eine furchterregende neue Gestalt an! Philipp muss all seine Kräfte zusammennehmen, um sie zu besiegen.

Die Feen rüsten Philipp mit dem Schwert der Wahrheit und dem Schild der Tugend aus.

kämpfte gegen Malefiz, und diese verwandelte sich in einen Drachen. Mithilfe der guten Feen konnte Philipp sie besiegen. Er fand die schlafende Prinzessin und erweckte sie mit einem Kuss wieder zum Leben. Aurora erkannte, dass Prinz Philipp der Mann war, in den sie sich verliebt hatte!

Wahre Liebe bricht den Fluch.

Alle im Schloss waren überglücklich, dass ihre Prinzessin endlich dort war, wo sie hingehörte.

Flügel

Feueratem

Scharfe Krallen

Muschel-Ohrringe

Glitzernder Rock

Smaragd-grünes Kleid

Arielle, die Meerjungfrau

Die Meerleute des Königreichs Atlantica lebten zufrieden in ihrer Unterwasser-Welt. Doch die neugierige Arielle sehnte sich nach mehr: Für die wahre Liebe und ein Leben außerhalb des Wassers war sie bereit, alles zu riskieren.

Inhalt

Arielle

Arielle hat eine wunderschöne Stimme, würde aber gerne so tanzen können wie die Menschen. Sie hält die menschliche Welt für viel interessanter als ihre Unterwasser-Heimat Atlantica.

Arielle lebt in einem atemberaubenden Unterwasser-Palast. Doch sie sehnt sich an Land.

Wallendes rotes Haar

Zuhause: Ein großer Palast in Atlantica

Lieblingsort: Ihre geheime Grotte

Mag: Singen; mehr über die Menschen lernen; Schiffswracks erkunden

Tief im Meer lag das Königreich Atlantica, die Heimat der Meerleute. Die junge Meerjungfrau Prinzessin Arielle sehnte sich danach, die Welt der Menschen zu erkunden. Oft schwamm sie an die Oberfläche, um die Menschen auf ihren Segelschiffen zu beobachten. Auch sammelte sie alle möglichen Dinge, die den Menschen in den Ozean gefallen waren – obwohl sie keine Ahnung hatte, wozu sie gut waren!

Arielle hat einen Schatz mit Dingen aus der Menschenwelt.

Arielles Vater, König Triton, war der mächtige Herrscher von Atlantica. Mit seinen sieben Töchtern lebte er in einem riesigen Meerespalast. Triton konnte nicht verstehen, warum Arielle, seine Jüngste, sich so für die Menschen interessierte. Was stimmte denn nicht mit Atlantica? Außerdem hielt er die Menschen für grausame, gefühllose Fischesser. Deshalb hatte Triton seinen Meerleuten jeglichen Kontakt mit den Menschen verboten.

König Triton

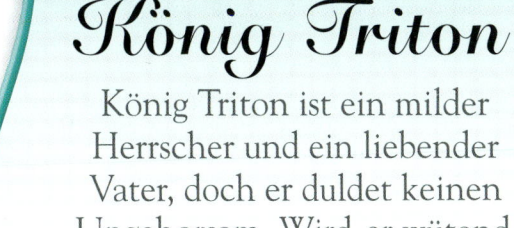

König Triton ist ein milder Herrscher und ein liebender Vater, doch er duldet keinen Ungehorsam. Wird er wütend, erbebt der ganze Ozean.

Goldener Dreizack

König Triton und Arielle lieben einander sehr.

Beruf: Herrscher über die Sieben Meere

Mag: Schöne Musik hören, seine Töchter beschützen

Mag nicht: Menschen, Ungehorsam, Streit

Waffe: Ein magischer Dreizack

Die Schwestern

Arielles sechs Schwestern sind ihre besten Freundinnen. Sie streiten zwar ab und zu, doch die Meerjungfrauen sind stets füreinander da. Für sie birgt der Ozean viele Schätze ... und prima Haarschmuck.

König Tritons Töchter singen in perfekter Harmonie.

Attina

Andrina

Aquata

Adella

Arielles sechs ältere Schwestern Aquata, Andrina, Arista, Attina, Adella und Alana waren perfekte Prinzessinnen. Sie taten stets, was ihr Vater sagte, und schwammen, im Gegensatz zu Arielle, nie allein auf gefährliche Abenteuer. Sie liebten das Leben in Atlantica! Die Prinzessinnen hatten Arielle sehr lieb, aber auch sie verstanden nicht, warum Arielle sich für die Menschenwelt interessierte.

Arielles Schwestern sangen unheimlich gern und übten schon seit Wochen für ihren nächsten Auftritt. Sie sollten bei einer Feier zu Ehren ihres Vaters auf der Bühne stehen und wollten ihm eine perfekte Aufführung bieten. Erstmals sollte auch Arielle mit-singen, doch sie hatte die meisten Proben versäumt. Auch am Tag des Festes war Arielle zum Schrecken ihrer Schwestern nicht da. Wo konnte die kleine Meerjung-frau nur stecken?

Arielles Schwestern lieben sie, verstehen sie aber oft nicht.

Arista

Alana

Die Prinzessinnen legen einen großen Auftritt hin.

Mögen: Singen, auftreten, Zeit mit ihrem Vater verbringen, neue Frisuren und Muschelschmuck ausprobieren

Mögen nicht: Wenn Arielle alles ruiniert, weil sie sich verspätet: Nie ist sie pünktlich!

Fabius

Mitunter scheint Fabius ein Feigling zu sein, doch das Fischlein ist mutig, wenn es darauf ankommt. Er hilft Arielle gerne bei der Suche nach Menschendingen. Für seine beste Freundin würde er alles tun.

Gestreifte Flosse

Anstatt für ihren Vater zu singen, erforschte Arielle mit Fabius ein geheimnisvolles Schiffswrack. Der kleine Fisch war weder ein schneller Schwimmer noch besonders mutig, doch irgendwie geriet er immer in Arielles Abenteuer hinein. Diesmal bekam das Fischlein einen Riesenschreck – um ein Haar wäre er als Haifutter geendet!

Wracks enthalten viele Schätze, können aber auch gruselig sein.

Mag: Spaß haben, mit Arielle spielen

Mag nicht: Unheimliche Wracks; von Haien gejagt werden

Größter Wunsch: Ein winziges Bisschen größer zu sein

Den Ozean zu erkunden ist gefährlich. Für diesen Hai mit scharfen Zähnen wären Arielle und Fabius ein leckerer Snack!

Scuttle

Scuttle die Möwe singt gerne, doch leider ist seine Stimme nicht so schön wie die von Arielle. Er glaubt, viel über die Menschenwelt zu wissen. Doch in Wahrheit erzählt er eine Menge Unsinn!

Im Wrack fand Arielle mehrere neue „Schätze", die sie zu Möwe Scuttle an die Oberfläche brachte. Der verrückte alte Vogel würde wissen, was das war. Scuttle hielt sich selbst für einen Experten in Menschendingen. Überzeugt erklärte er Arielle ihre Fundstücke: Die Gabel sei ein „Dingelhopper" und die Pfeife ein „Snarfblatt". Arielle war begeistert. Doch plötzlich fiel ihr ein, dass sie eigentlich gerade woanders sein sollte …

Schwimmhäute

Scuttle erklärt, dass eine Tabakpfeife ein Musikinstrument sei.

Mag: Menschen erforschen. Er glaubt, ihre Dinge zu kennen, verwechselt sie aber oft. Er glaubt, eine Gabel sei ein „Dingelhopper" und würde zum Haare Kämmen verwendet!

Sebastian

Diese musikalische Krabbe, mit vollem Namen Horatio Thelonius Ignatius Crustaceous Sebastian, gerät oft in Schwierigkeiten. Außerdem hat er Angst, von Menschen verspeist zu werden!

Große Scheren, um den Taktstock zu greifen

Beim königlichen Fest war Hofkomponist Sebastian sehr wütend. Er war für die gesamte Musik bei höfischen Konzerten verantwortlich und Arielle hatte gerade seinen wichtigsten Auftritt ruiniert. Er wurde sogar noch wütender, als Fabius ausplauderte, dass Arielle an der Meeresoberfläche gewesen war! Sebastian riet König Triton, seine Tochter besser im Auge zu behalten. Der König stimmte ihm zu und trug Sebastian sogleich auf, Arielle nachzuspionieren, damit sie der menschlichen Welt nicht zu nahe kam. Sebastian war darüber nicht gerade glücklich. Er wusste, dass eine winzige Krabbe die eigenwillige Prinzessin niemals davon abhalten konnte, das zu tun, was sie wollte.

Sebastian ist der talentierteste Musiker von ganz Atlantica.

Beruf: Hofkomponist

Mag: Mitreißende Symphonien komponieren, großartige Orchester dirigieren

Mag nicht: König Triton verärgern; Geheimnisse bewahren; Schwierigkeiten

Arielle kann nicht widerstehen, sich das Feuerwerk genauer anzusehen.

Grimsby

Kammerdiener Grimsby kümmert sich um die Bedürfnisse des Prinzen. Er findet, dass sich der Prinz vermählen soll, doch der will nur aus Liebe heiraten.

Dennoch folgte Sebastian Arielle an die Oberfläche. Sie sah sich ein Feuerwerk auf einem Schiff in der Nähe an. Dabei beobachtete sie gebannt, wie ein sehr hübscher junger Mann von einem älteren Herrn eine Statue geschenkt bekam. Doch plötzlich schlug ein Blitz in dem Schiff ein und der junge Mann fiel über Bord ins Meer!

Feines lila Hemd

Grimsby schenkt dem Jüngling, der in Wirklichkeit ein Prinz ist, eine Statue.

Beruf: Prinz Erics Berater

Ziel: Eric helfen, eine gute Frau zu finden

Mag nicht: Seemannsgarn über Meerleute – er ist sich sicher, dass sie nicht existieren

Prinz Eric

Der nette, freundliche Prinz ist am glücklichsten, wenn er übers Meer segelt. Er ist auf der Suche nach der wahren Liebe und glaubt sicher, sie sofort zu erkennen.

Arielle rettet den Mann vor dem Ertrinken.

Der Mann, der ins Wasser fiel, war Prinz Eric – ein menschlicher Prinz! Er blieb unverletzt und kletterte zurück an Bord des Schiffs. Doch eine weitere Explosion warf ihn zurück ins Meer. Arielle rettete ihn. Sie missachtete das Verbot ihres Vaters, sich den Menschen zu nähern, und brachte den ohnmächtigen Prinzen an den Strand.

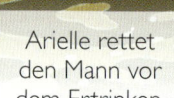

Königliches Jackett

Zuhause: Ein Schloss am Meer

Mag: Segeln, Flöte spielen, tanzen

Mag nicht: Auf Brautschau gehen – er will nur aus Liebe heiraten

Lieblingsort: Sein Schiff

Nie zuvor war Arielle einem Menschen so nah gewesen.

Prinz Eric war so schön, dass Arielle gar nicht anders konnte als ihm ein Lied vorzusingen. In jemanden wie ihn könnte sie sich verlieben. Als der Prinz aufwachte, eilte Arielle ins Meer zurück, bevor er sie richtig sehen konnte. Allerdings hatte Prinz Eric

Als Prinz Eric die Augen öffnet, sieht er ein bildhübsches Gesicht.

sich schon in ihre Stimme vernarrt. Er hatte keine Ahnung, dass sie einer Meerjungfrau gehörte, doch sein kluger Hund Max hatte alles mit angesehen und die Wahrheit erkannt. Max war Prinz Erics bester Freund und sein treuester Begleiter. Ihm gefiel die tapfere kleine Meerjungfrau mit der zauberhaften Stimme und er hoffte, dass Eric sie bald wiedertreffen würde.

Max

Max kann zwar nicht sprechen, aber schlau ist er trotzdem. Er hat wuscheliges Fell, blaue Augen und einen erstklassigen Geruchssinn, mit dem er erschnüffelt, ob jemand gut oder böse ist.

Fell hängt über die Augen.

Bester Freund: Prinz Eric

Mag: Stöckchen holen, herumtollen, neue Leute kennenlernen, Gesichter ablecken

Lieblingsort: Der Strand beim Schloss – dort geht er gerne mit Eric Gassi.

Ursula

Ursula lächelt und spielt die Hilfsbereite, doch sie denkt nur an sich. Sie ist so böse, dass König Triton sie auf ewig aus Atlantica verbannt hat.

Ursula will Arielle für ihre dunklen Machenschaften missbrauchen.

Gruselige Tentakel

Mächte: Zaubertränke anrühren, Gestalt verwandeln

Traum: Rache an König Triton, Herrschaft über den Ozean

Mag: Macht; Geschäfte; das Leben von Meerleuten ruinieren

Leider hatte noch jemand Arielle im Auge – die gemeine Meerhexe Ursula. König Triton hatte sie einst gezwungen, Atlantica zu verlassen. Jetzt hatte sie den perfekten Racheplan geschmiedet. Sie war sich sicher, dass die verliebte Arielle alles geben würde, um bei ihrem Prinzen zu sein. Selbst wenn sie dafür die Befehle ihres Vaters missachten müsste.

Ursula sandte ihre beiden bösen Aale Abschaum und Meerschaum aus, um Arielle zu suchen. Sie kamen genau im rechten Moment an: König Triton hatte von Arielles Liebe zum Menschenprinzen Eric erfahren und in seiner Wut all ihre kostbaren Schätze zerstört. Die kleine Meerjungfrau war untröstlich. Als die glitschigen Meereswesen anboten, ihr zu helfen, willigte sie ein.

Abschaum und Meerschaum

Abschaum und Meerschaum tun alles, was Ursula befiehlt, egal wie gemein es ist. Das fiese Duo macht alles gemeinsam – die beiden sprechen sogar gleichzeitig!

Spitze Rückenflossen

Die Aale machen Arielle ein Angebot.

Herrin: Ursula

Mögen: Ahnungslose Meerleute bespitzeln

Mächte: Ihre magischen Augen bilden zusammen eine Kristallkugel. Damit kann Ursula Arielle ausspionieren!

Endlich Mensch

Arielle hat davon geträumt, menschliche Beine und Füße zu haben, doch die sind gar nicht so leicht zu benutzen! Auch Kleidung zu finden, ist nicht einfach – sie behilft sich mit einem alten Segel und Seilen.

Segeltuch als Kleid

Gürtel aus Seil

Menschenbeine

Die Meerhexe Ursula bot Arielle an, sie im Tausch gegen ihre Stimme in einen Menschen zu verwandeln. Doch Ursula stellte Bedingungen: Wenn Prinz Eric Arielle nicht innerhalb von drei Tagen den Kuss der wahren Liebe geben würde, würde sie wieder zur Meerjungfrau und noch dazu Ursula gehören. Blind vor Liebe willigte Arielle ein. Ursula steckte Arielles Stimme in eine Halskette und die glückliche Prinzessin begab sich auf die Suche nach Eric.

Arielle muss einen Vertrag unterzeichnen.

So sehr sie es auch versucht, Arielle kann Prinz Eric nicht sagen, wer sie wirklich ist!

Scuttle und Arielle machten aus einem alten Segel ein Kleid. Dank Max' feiner Nase hatte Eric sie schnell gefunden. Sie kam dem Prinzen bekannt vor, aber als er feststellte, dass Arielle stumm war, glaubte er, dass sie nicht das Mädchen sein könnte, in dessen Stimme er sich verliebt hatte. Trotzdem nahm er sie bei sich auf und gab sie in seinem Schloss in die Obhut seiner Haushälterin Carlotta. Sebastian, der Arielle unbedingt auf den Fersen bleiben wollte, endete im Wäschekorb.

Arielle fühlt sich im Wasser zu Hause.

Carlotta

Prinz Erics Haushälterin hält im Schloss alles in Ordnung. Die freundliche Dame behandelt Arielle wie eine Tochter und sorgt dafür, dass sie sich wohlfühlt.

Einfache Schürze

Beruf: Prinz Erics Haushälterin – seit Jahren

Mag: Menschen umsorgen, Prinz Eric glücklich machen

Mag nicht: Unordnung im Schloss, schmutzige Kleidung

Koch Louis

Der launische Küchenchef Louis ist ein fantastischer Koch. Für seine Tobsuchtsanfälle, die er bekommt, wenn in der Küche etwas schiefläuft, ist er mindestens so berühmt wie für sein köstliches Essen.

Arielle sieht zwar anders aus, ist aber genauso bildhübsch.

Fluffige Kochmütze

Mag: Singend durch die Küche tanzen, an Prinz Erics Hof köstliche Meeresfrüchte kochen

Mag nicht: Krabben, die wegrennen, wenn er sie zubereiten will!

Arielle liebte das Leben im Schloss. Carlotta suchte Menschenkleidung für sie heraus und Arielle entschied sich für ein wunderschönes rosa Kleid. Alles fühlte sich seltsam und neu an. Scuttles Ratschlägen hatte sie es zu verdanken, dass ihre Tischmanieren etwas ungewöhnlich waren: Sie kämmte ihr Haar mit einer Gabel, dem „Dingel-hopper", vom Esstisch! Doch zumindest brachte sie so den Prinzen zum Lächeln. Für Sebastian aber liefen die Dinge weniger gut. Koch Louis wollte ihn zum Abendessen servieren!

Nach dem langen Tag ist Arielle richtig müde.

Feine Dame

Anfangs ist Arielle noch schüchtern. Doch bald taut sie auf und bringt Prinz Eric mit ihren charmanten Eigenheiten zum Lachen.

Perlen-ohrringe

Richtiges Kleid

Arielle schlief zum ersten Mal in einem gemütlichen Bett und so gut wie noch nie – glücklich, dem Mann, den sie liebte, so nahe zu sein. Er erwiderte ihre Liebe zwar nicht, doch sie hoffte, dass sich das bald änderte. Zu Hause in Atlantica hatte König Triton nicht den geringsten Schimmer, wo seine Tochter steckte. Er wollte sie um jeden Preis finden und heimbringen.

König Triton hat keine ruhige Minute, solange Arielle nicht sicher ist.

Schicke Farbe

Jenseits der Wellen

Arielle gefällt es sehr, Mensch zu sein. Sie ist neugierig und mutig genug, alles Neue auszuprobieren – sogar Kutsche fahren. Wenn sie nur darüber singen könnte!

Endlich wird Arielles lang gehegter Traum wahr: Sie darf tanzen!

Luftiges Haar

Meerblauer Rock

Bequeme Schuhe zum Erkunden

Am nächsten Tag zeigte Eric Arielle sein ganzes Reich. Sie war beeindruckt. Es war sogar noch schöner, als sie es sich vorgestellt hatte. Das junge Paar hatte Spaß und kam sich näher. Dank einem Tipp von Sebastian erriet Prinz Eric sogar Arielles Namen. Die beiden waren kurz davor, sich zu küssen. Doch Abschaum und Meerschaum hatten sie beobachtet und von der Meerhexe Ursula den Auftrag erhalten, den romantischen Augenblick zu verderben.

Der Prinz und Arielle kommen sich auf dem See im Ruderboot näher.

Mit einem Ruck stießen die beiden Meeraale das Boot um. Ursula war wütend, dass Arielle Prinz Eric fast dazu gebracht hätte, sich in sie zu verlieben – sogar ganz ohne ihre schöne Stimme! Die böse Meerhexe beschloss, die Dinge selbst in die Tentakel zu nehmen. Sie verwandelte sich als eine schöne Frau mit Namen Vanessa und trug die magische Halskette mit Arielles Stimme. Damit wollte sie Prinz Eric glauben machen, sie sei das singende Mädchen, das ihn gerettet hatte.

Vanessa

Vanessa scheint eine liebenswerte junge Frau mit einer wunderbarer Stimme zu sein, doch in Wahrheit ist es Ursula. Auch der beste Zauber kann ihre wahre Natur nicht ganz verbergen.

Betörende blaue Augen

Langes Haar

Zauber-kette

Das Spiegelbild zeigt Ursulas wahres Aussehen.

Neues Zuhause

Arielle weiß, dass sie als Meerjungfrau unglücklich sein würde. Obwohl sie ihre Familie und Freunde vermisst, gehört sie in die Welt der Menschen.

Scuttle will die Hochzeit verhindern.

Herrliche Singstimme

Lila Glitzerkleid

Ursulas Täuschung funktionierte. Prinz Eric ließ sich von Arielles Stimme verzaubern und machte Vanessa einen Heiratsantrag. Zum Glück hatte Scuttle den Durchblick. Gemeinsam mit anderen Meerestieren gelang es ihm, Ursulas Kette zu zerstören und Arielles Stimme zu befreien. Endlich bekam Arielle ihre Stimme zurück und Eric erkannte, dass in Wahrheit sie das Mädchen war, das er liebte. Doch es waren drei Tage vergangen und Arielle musste den Preis für ihre Abmachung mit Ursula zahlen.

Arielle wurde wieder zur Meerjungfrau und gehörte nun der Meerhexe. Als König Triton Ursula anbot, den Platz seiner Tochter einzunehmen, willigte sie ein. Von Anfang an hatte sie das so geplant! Doch

König Triton ist bereit, seinen Thron für Arielle zu opfern.

Prinz Eric wollte Arielle nicht verlieren und besiegte Ursula in einem Kampf. Als König Triton sah, wie sehr die beiden sich liebten, verwandelte er Arielle mit seinem Dreizack wieder in einen Menschen – für immer.

Arielle und Prinz Eric heiraten auf seinem Schiff.

Hübsche Braut

Arielle ist an ihrer Hochzeit überglücklich, denn Familie und Freunde sind da. Sie freut sich, ihre nächsten Abenteuer mit Prinz Eric zu teilen.

Puff-ärmel

Funkelnde Krone

Weiße Seide

Duftende Rose

Schulterfreies Kleid

Gold-stickereien

Die Schöne und das Biest

Die junge Belle lebte in einer ganz gewöhnlichen Stadt, wo ihre einzige Unterhaltung darin bestand, Märchen zu lesen. Doch mit einer Reise in das verwunschene Schloss eines verfluchten Prinzen wurde ihre Sehnsucht nach Abenteuer wahr.

Inhalt

Der Prinz

Der Prinz hat alles, was man sich nur wünschen kann, doch er ist selbstsüchtig und grausam. Er würde nie einem Menschen in Not helfen, schon gar keiner Bettlerin.

Juwelenbesetzte Krone

In einem gewaltigen Schloss lebte ein selbstsüchtiger Prinz ein Leben voller Luxus. Er sorgte sich nicht um die Bedürfnisse anderer, sondern dachte einzig an sein eigenes Wohlergehen. An einem Winterabend klopfte eine müde, in Lumpen gekleidete Bettlerin ans Schlosstor. Sie bot ihm eine Rose, wenn er ihr Obdach gewähren würde. Doch der gemeine Prinz schickte sie zurück in die Kälte, da sie nicht hübsch anzusehen war. Seine Grausamkeit sollte bestraft werden!

Zuhause: Ein großes Schloss

Mag: Diener, die ihm jeden Wunsch erfüllen; Menschen, die schön sind – zumindest äußerlich

Mag nicht: Arme Leute, Hässlichkeit

Da verwandelte sich die hässliche Bettlerin auf wundersame Weise in eine wunderschöne Zauberin! Zur Strafe für das lieblose Verhalten des Prinzen verhängte sie einen Fluch über das ganze Schloss: Der hübsche Prinz wurde zu einem grässlichen Ungeheuer und seine Diener zu Haushaltsgegenständen. Nur wenn der Prinz die wahre Liebe kennenlernen würde, bevor die magische Rose an seinem 21. Geburtstag ihr letztes Blütenblatt verloren hätte, wäre der Bann gebrochen.

Die Zauberin

Die wunderschöne Zauberin kann ganz verschiedene Gestalten annehmen. Mithilfe eines Zauberspruchs lehrt sie den Prinzen eine wichtige Lektion über Güte.

Goldene Locken

Der Prinz wird verzaubert.

Mag: All jene, die innere Schönheit erkennen

Mag nicht: Gemeine, egoistische Leute

Fähigkeiten: Starke Flüche aussprechen, Menschen in Dinge oder Tiere verwandeln

Belle

Belle liest für ihr Leben gerne romantische und spannende Geschichten. Doch in ihrer Stadt passiert nie etwas Aufregendes. Belle sehnt sich nach einem Märchen, das ihr Leben mit Abenteuern füllt.

Belle ist anders als die anderen Leute.

Praktische weiße Schürze

Zuhause: Eine Kleinstadt

Mag: Lesen, träumen

Mag nicht: Arroganz, Menschen ohne Fantasie

Traum: Die Stadt verlassen und Abenteuer erleben

In Belles kleiner Heimatstadt verbrachten die meisten Menschen ihre Zeit damit zu jagen, zu tratschen und Gaston, den schönsten Mann der Stadt, anzuhimmeln. Aber Belle war anders. Sie träumte lieber vor sich hin und verschlang jedes Buch, das sie in die Finger bekam. Sie war stets lieb und freundlich, aber trotzdem hielten ihre Nachbarn sie für seltsam. Vor allem weil sie Gaston nicht heiraten wollte!

Belles Lieblingsgeschichten handeln oft von Prinzen in Verkleidung.

Gaston war in der Stadt als unglaublich schön und stark bekannt. Nur zu gern prahlte er damit vor seinen Fans! Niemand war so geschickt im Umgang mit Pfeil und Bogen oder machte die Damen so schnell in sich verliebt wie er. Er brauchte nur mit seinen betörenden blauen Augen zu zwinkern, und schon war es um sie geschehen. Belle war das einzige Mädchen im Dorf, das nichts mit ihm zu tun haben wollte. Zu ihrem Pech hatte Gaston fest vor, sie zu heiraten – und konnte sich nicht vorstellen, dass sie ihn nicht wollte!

Gaston

Gaston ist schön – und das weiß er auch! Er ist es gewohnt, alle Blicke auf sich zu ziehen. Wer ihn übersieht, dem zeigt er gerne, was für ein Prachtkerl er ist!

Köcher für Pfeile

Gaston glaubt, dass Belle ihn heiraten wird.

Traum: Belle heiraten – da sie so schön ist wie er

Mag: Sich selbst bewundern, über sich sprechen, jagen, angeben

Mag nicht: Seinen Willen nicht kriegen, dumm dastehen

Lefou

Gastons bester Freund steht ihm immer zur Seite und würde alles für ihn tun. Er jubelt Gaston zu und hilft ihm bei seinen gerissenen Plänen. Im Gegenzug will er einfach nur Zeit mit seinem Idol verbringen.

Lefou hielt Gaston für den Allergrößten. Doch selbst er war sich bewusst, dass sein bester Freund nicht gerade der Hellste war. Ihm war klar, dass Belle nicht die passende Braut für seinen Kumpel war – doch er wusste auch, dass es ihm nur einen Schlag ins Gesicht einbringen würde, wenn er das sagen würde! Lefou beschloss daher, Gaston so gut wie möglich dabei zu helfen, Belle zur Frau zu bekommen.

Schwarze Fliege

Lefou stimmt Gaston bei allem zu.

Traum: So schön und beliebt sein wie Gaston

Mag: Jagen, Pläne mit Gaston schmieden, Witze reißen, Leute auslachen

Lieblingsort: Das Gasthaus

Die albernen Mädchen suchen Gastons Nähe.

Alberne Mädchen

Die drei Blondinen sind verrückt nach Gaston und können nicht verstehen, wie man ihm einen Korb geben kann. Schließlich ist er schön und stark – und sie finden, das reicht!

Die drei himmeln Gaston an.

Als der Tag kam, den Gaston für seine Hochzeit auserkoren hatte, hatte er Belle noch nicht einmal einen Antrag gemacht, so sicher war er sich, dass sie Ja sagen würde. Aber Belle würde niemals einen eingebildeten Einfaltspinsel wie Gaston heiraten – auch wenn die albernen Mädchen sie für verrückt hielten. Für die war es der Höhepunkt des Tages, wenn sie dem großartigen Gaston nachblicken konnten. Belle aber würdigte Gaston keines Blickes, und der war es nicht gewohnt, abgewiesen zu werden.

Mögen: Für Gastons Kraft und gutes Aussehen schwärmen

Mögen nicht: Dass Gaston Belle bewundert

Traum: Gastons Herz erobern – oder wenigstens seine Aufmerksamkeit

Maurice

Der Erfinder Maurice hat ein Talent dafür, Dinge zu bauen, und erfindet ständig tolle neue Geräte. Aber wichtiger als jede Erfindung ist ihm seine Tochter Belle.

Nicht alle verrückten Erfindungen von Maurice funktionieren. Aber Belle unterstützt ihn immer.

Werkzeug für Erfindungen

Mag: Verrückte Dinge erfinden

Mag nicht: Wenn Erfindungen nicht funktionieren, von Belle getrennt sein

Traum: Ein weltberühmter Erfinder werden

Tag für Tag tüftelte Belles Vater Maurice in seiner Werkstatt an seiner neuesten Maschine. Rauchwölkchen und lautes Scheppern zeigten, dass er fleißig arbeitete, selbst wenn die meisten seiner Erfindungen am Ende nicht seiner Vorstellung entsprachen. Viele Nachbarn hielten ihn für verrückt. Doch Belle hatte vollstes Vertrauen in ihren Vater und glaubte fest daran, dass er bald etwas Großartiges erfinden würde. Weil Belle ihn motivierte, machte Maurice weiter und träumte davon, eines Tages Ruhm und Reichtum zu ernten.

Als Maurice sein Holzhack-Gerät endlich zum Laufen gebracht hatte, eilte er auf seinem treuen Gaul Phillipe zur Erfindermesse. Bestimmt würde er den ersten Preis gewinnen! Doch im düsteren Wald voller Fledermäuse und heulender Wölfe verirrte er sich. Ängstlich rannte Phillipe davon und Maurice blieb zurück. Als das Pferd alleine nach Hause kam, wusste Belle, dass ihrem Vater etwas zugestoßen sein musste. Schnell machte sie sich mit Phillipe auf die Suche nach ihm.

Phillipe

Der treue Phillipe ist breit gebaut und kräftig, strotzt aber nicht gerade vor Mut. Er geht möglichst immer nur kurz von zu Hause weg, den dort fühlt er sich am wohlsten.

Geschirr aus Leder

Belle hat keine Zeit zu verlieren!

Mag: Maurice oder Belle auf sich reiten lassen

Mag nicht: Unheimliche Wälder, Fledermäuse, Wölfe

Größter Wunsch: Einen besseren Orientierungssinn für Maurice

Lumière

Der charmante Kerzenhalter Lumière hilft, wo er kann! Nur zu gerne bietet er Bedürftigen im Schloss Unterschlupf, Essen und Unterhaltung. Lumière ist ein echter Romantiker und glaubt fest daran, dass auch das Biest lernen kann zu lieben.

Das Biest lässt keine Fremden ins Schloss. Maurice ist nicht willkommen!

Kerzen-hände

Traum: Dass das Biest die wahre Liebe findet, sodass die Diener wieder zu Menschen werden

Mag: Romantik; große Dinner veranstalten

Mag nicht: Grobheit

Maurice stolperte durch den Wald, bis er auf das Schloss des Biests stieß. Als er dort Hilfe suchte, fand er lebendige Gegenstände vor, die sogar sprechen konnten. Ein freundlicher Kerzenleuchter namens Lumière freute sich über den Gast. Doch die Uhr Von Unruh hatte Angst davor, was passieren würde, wenn das Biest einen Fremden in seinem Schloss bemerkte. Gerade als Maurice sich an diesen ungewöhnlichen Ort gewöhnt hatte, stand er dem Biest gegenüber. Dieses glaubte, Maurice sei nur gekommen, um es anzustarren, und sperrte ihn in den Kerker.

Kurz darauf erreichte auch Belle das Schloss. Lumière und Von Unruh waren ganz aufgeregt, als sie sie sahen – vielleicht würde

Lumière kann nicht glauben, dass ein Mädchen im Schloss ist!

sie den Fluch brechen können! Belle fand heraus, dass das Biest ihren Vater gefangen hielt. Um ihn zu befreien, bot sie mutig an, seinen Platz einzunehmen. Belle versprach, für immer im Schloss zu wohnen, und opferte damit ihren Traum vom Abenteuer.

Die arme Belle hat in einer Nacht ihren Vater und ihre Träume verloren.

Von Unruh

Der spießige Von Unruh leitet den Haushalt. Er nimmt seine Aufgabe sehr ernst! Er bemüht sich, dass alles reibungslos läuft, und bricht nicht gerne die Regeln. Das Letzte was er will, sind Schwierigkeiten!

Schwingendes Pendel

Ziel: Das Schloss in Ordnung halten

Mag: Führungen durch das Schloss geben, Regeln befolgen, die Diener herumkommandieren

Mag nicht: Nicht beachtet werden; Schwierigkeiten

Madame Pottine

Die Haushälterin hat immer viel zu tun. Trotzdem kümmert sie sich um alle Schlossbewohner und muntert sie auf – meistens mit einer Tasse Tee.

Die Diener tun ihr Bestes, um das Biest Manieren zu lehren.

Spitze Tülle

Mag: Tee servieren, Ratschläge geben, Gäste willkommen heißen

Mag nicht: Schlechte Manieren, schmutziges Porzellan, schlechte Laune

Möchte gerne: Wieder Mensch werden

Das Biest wusste, dass Belle wohl seine einzige Chance auf echte Liebe war. Die hilfsbereite Teekanne Madame Pottine riet ihm, sein feuriges Temperament zu zügeln und freundlich zu Belle zu sein. Das Biest bemühte sich, wie ein Gentleman zu handeln, und bat Belle höflich, mit ihm gemeinsam zu Abend zu essen. Als sie jedoch ablehnte, befahl er den Dienern, sie für den Rest des Abends nicht mehr aus ihrem Zimmer zu lassen. Sie würde entweder mit ihm speisen oder gar nichts zu essen bekommen!

Gegen den Willen des Biestes erkundete Belle ihr neues Zuhause. In der Küche machte sie die Bekanntschaft der verzauberten Diener um Madame Pottine und ihren Sohn Tassilo, der Belle bildhübsch fand. Die Diener zeigten Belle, dass sie nicht nur eine Gefangene, sondern auch Gast war. Sie bereiteten ihr sogar ein köstliches Festmahl zu. Lumière und Von Unruh wollten, dass Belle sich im Schloss zuhause fühlte, und boten ihr an, sie herumzuführen. Glücklich stimmte Belle zu – schließlich war sie zum ersten Mal in einem verwunschenen Schloss.

Tassilo

Der fröhliche Tassilo liebt Tricks und Geschichten. Diese neugierige kleine Teetasse ist gern auf dem Laufenden und lernt Leute kennen. Wenn er nicht gerade seiner Mutter Madame Pottine hilft, sucht er jemanden zum Spielen.

Sprung im Rand

Was für eine Darbietung!

Mag: Neue Freunde gewinnen, Geschichten erzählen

Mag nicht: Früh ins Bett gehen, im Schrank schlafen, ausgeschlossen werden

Lieblingstrick: Teeblasen blubbern

Das Biest

Das jähzornige Biest weiß, wie furchterregend es aussieht. Es versteckt sich im Schloss und sieht die Außenwelt nur durch einen Zauberspiegel. Das Biest glaubt nicht, dass jemand es lieben könnte.

Während Belle mit Lumière und Von Unruh das Schloss erkundete, gelangte sie in den Westflügel. Dorthin zu gehen hatte das Biest ihr ausdrücklich verboten. Belle war aber sehr neugierig, was dort versteckt war, und schaute sich um. Gerade als sie die Rose der Zauberin entdeckt hatte, stand plötzlich das Biest vor ihr! Wütend brüllte es sie an, sie solle verschwinden. Belle war so verängstigt, dass sie schnellstens davonlief.

Grausige Reißzähne

Das Biest lässt Belle nicht in die Nähe der Rose.

Möchte gerne: Trotz seines schrecklichen Äußeren geliebt werden

Mag: Im Schloss bleiben und in den Zauberspiegel schauen

Mag nicht: Sein Spiegelbild, Ungehorsam

Belle floh aus dem Schloss und ritt auf Phillipe durch den Wald.

Die Wölfe können es nicht mit dem Biest aufnehmen.

Da griff ein wildes Wolfsrudel sie an. Das Biest eilte herbei und rettete Belle das Leben, wurde aber verletzt. Belle brachte es zurück ins Schloss und versorgte seine Wunden. Sie dankte ihm, schalt es aber wegen seines Jähzorns. Sie begann zu ahnen, dass das Biest nicht so schrecklich war, wie es aussah. Die Diener, auch Madame Kommode und Staubwedel, freuten sich über den Beginn einer neuen Freundschaft.

Ist das Biest unhöflich, weiß Belle sich zu verteidigen.

Staubwedel und Madame Kommode

Diese beiden Helfer tun alles, damit Romantik zwischen dem Biest und Belle entsteht – sie bringen das Schloss auf Hochglanz und besorgen Belle das perfekte Kleid.

Feder-rock

Hellrote Lippen

Mögen: Singen, schöne Kleider, Spaß haben, dem Biest helfen, das Schloss blitzblank halten

Mögen nicht: Ihre Menschenkleider nicht mehr tragen können

Ein Neubeginn

Belle bleibt zwar nur aus Pflicht-
gefühl im Schloss, das heißt aber
nicht, dass sie unglücklich ist und
Trübsal bläst. Sie weiß, dass man
auch an unverhofften Orten Freude
finden kann!

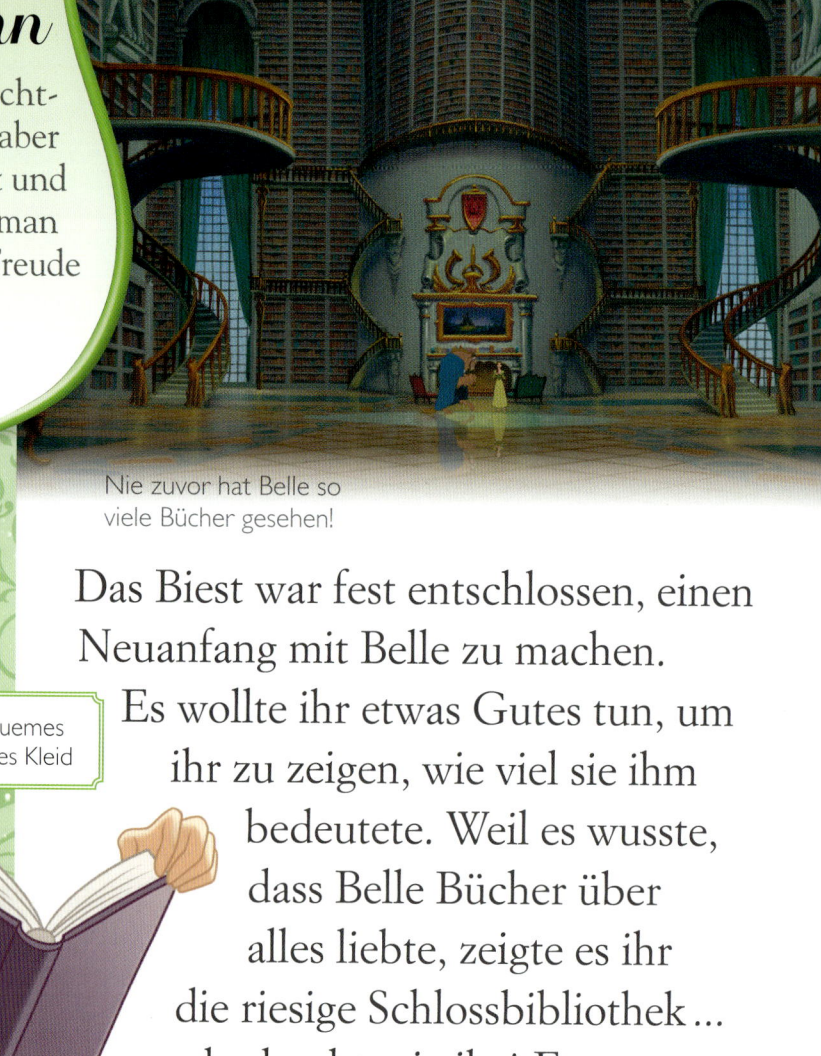

Nie zuvor hat Belle so
viele Bücher gesehen!

Hübsche
Haarschleife

Bequemes
grünes Kleid

Das Biest war fest entschlossen, einen
Neuanfang mit Belle zu machen.
Es wollte ihr etwas Gutes tun, um
ihr zu zeigen, wie viel sie ihm
bedeutete. Weil es wusste,
dass Belle Bücher über
alles liebte, zeigte es ihr
die riesige Schlossbibliothek...
und schenkte sie ihr! Es war
das Schönste, was je jemand für
sie getan hatte. Nun hatte sie genü-
gend Bücher für den Rest ihres
Lebens! Sie bot an, dem Biest
das Lesen beizubringen, damit
es ihre Leidenschaft
teilen konnte.

Im Laufe der Zeit verbrachten Belle und das Biest immer mehr Zeit miteinander. Wenn sie gemeinsam aßen oder draußen im Schnee spielten, erkannten beide, wie gern sie zusammen waren. Belle war die Erste, die das Biest

Das Biest zeigt immer öfter seine sanfte Seite.

zum Lächeln brachte. Als ihre Freundschaft wuchs, konnte sie endlich den weichen Kern des Biests sehen. Sie erkannte, dass es gar nicht griesgrämig, sondern süß und sanft war, und sie wusste, dass sie ihm vertrauen konnte. Die Diener beobachteten das glückliche Paar mit Freude.

Spaß im Schloss

Belle bereiten auch kleine Dinge im Leben große Freude – die Vögel im Schlosspark zu füttern, im Schnee zu spielen und natürlich in eines ihrer Lieblingsbücher einzutauchen!

Gefütterter Winterumhang

Passendes rosa Kleid

Monsieur D'Arque

Der durchtriebene Monsieur D'Arque würde alles tun für Gold, selbst Menschen schaden. Manchmal jedoch scheint er nur zum Spaß Unruhe zu stiften.

Gaston weiß, dass Monsieur D'Arque für Gold alles tun würde.

Lange graue Haare

Mag: Teuflische Pläne

Mag nicht: Jeden, der ihm in die Quere kommt

Ziel: Reich werden. Kein Plan ist ihm zu schmutzig, solange er eine Belohnung erhält.

Inzwischen erzählte Maurice den Stadtbewohnern, dass ein Biest Belle gefangen hielt. Doch die lachten ihn nur aus – sie hielten ihn immer noch für verrückt. Das brachte Gaston auf eine böse Idee. Er bezahlte Monsieur D'Arque dafür, Maurice in seine Irrenanstalt zu sperren. Gaston würde Belle anbieten, Maurice zu befreien – wenn sie sich einverstanden erklärte, ihn zu heiraten. So musste sie Ja sagen. Doch bevor er etwas unternehmen konnte, hatte sich Maurice allein auf die Suche nach Belle begeben.

Derweil verbrachten Belle und das Biest einen romantischen Abend im Schloss mit einem Tanz im großen Ballsaal. Gerade wollte das Biest Belle seine Liebe gestehen, da tat sie kund, ihren Vater wiedersehen zu wollen. Das Biest hätte alles getan, um Belle glücklich zu machen, und gewährte ihr einen Blick in den Zauberspiegel. Sie sah einen kranken Maurice, der sich im Wald verlaufen hatte. Das Biest erlaubte Belle, ihrem Vater zu Hilfe zu eilen. Es gab ihr den Spiegel mit, damit sie immer zurückblicken und sich an ihn erinnern konnte.

Belle und das Biest genießen einen Tanz.

Ballkönigin

Die graziöse Belle strahlt vor Freude, als sie im großen Ballsaal Walzer tanzt. Noch ahnt sie nicht, dass das Biest ein Prinz ist – sie weiß nur, dass ihr Herz von Liebe erfüllt ist.

Elegante Frisur

Edle Abendhandschuhe

Atemberaubendes Seidenkleid

Wütende Meute

Gaston überzeugt die Bürger davon, dass das Biest ein gefährliches Monster ist. Die Meute bricht auf, um sein Schloss zu stürmen und es zu überwältigen.

Belle fand Maurice und brachte ihn nach Hause, um ihn zu pflegen. Bald klopfte es an der Tür – Monsieur D'Arque war gekommen, um Maurice ins Irrenhaus zu bringen! Belle bewies, dass ihr Vater die Wahrheit gesagt hatte, und zeigte den Bürgern im Zauberspiegel das Biest. Doch Gaston rief die anderen dazu auf, es zu jagen und zu töten, und führte die

Zum Kampf gerüstet

Eine verzauberte Garderobe hilft bei der Verteidigung.

Meute zum Schloss. Die treuen Diener des Biests verteidigten sich mutig und besiegten die Meute. Gaston gelang es jedoch, sich an ihnen vorbeizuschleichen und das Biest anzugreifen! Ohne Belle war es so unglücklich, dass es sich nicht einmal wehrte.

Anführer: Gaston und Lefou

Ziel: Ihre Stadt beschützen, indem sie das Biest besiegen

Waffen: Fackeln, Mistgabeln – alles, was sie in die Finger kriegen

Wieder Mensch

Vom Fluch befreit, zeigt sich der Prinz endlich in seiner wahren Gestalt. Voller Liebe und Zuneigung für Belle und seine Diener herrscht der stattliche Prinz fortan über einen von Glück erfüllten Haushalt.

Das Biest verwandelt sich.

Weiches Haar

Belle eilte herbei, um das Biest zu retten. Als es Belle sah, begann es sich zu wehren. Schwer verletzt gelang es dem Biest, Gaston zu besiegen. Belle gestand dem Biest ihre Liebe. Das brach den Fluch, und gerade als die magische Rose ihr letztes Blütenblatt verlor, verwandelte sich das Biest zurück in den Prinzen. Anfangs erkannte Belle ihn nicht, doch als sie ihm in die Augen blickte, sah sie ihr geliebtes Biest. Auch die Diener wurden zurück-verwandelt, was sogleich mit einem prunkvollen Ball gefeiert wurde.

Lächeln

Haarband
mit Juwel

Wunder-
lampe

Elegantes
Tuch

Aladdin

Weit entfernt, im Königreich von
Agrabah, trennten strenge Gesetze
die Reichen von den Armen – und
eine einsame Prinzessin von einem
Straßenjungen. Doch eine mächtige
Wunderlampe sollte Jasmins Welt
bald auf den Kopf stellen.

Inhalt

Aladdin

Aladdin ist wie ein „ungeschliffener Diamant": Er trägt zwar schäbige, zerlumpte Kleider, doch er besitzt das Herz und den Mut eines Prinzen.

Der gewiefte Straßenjunge Aladdin hatte kein leichtes Leben in der Wüstenstadt Agrabah. Er hatte weder Eltern, noch Geld, noch eine Arbeit und verbrachte seine Zeit damit, Essen zu stehlen und vor Ärger zu fliehen.

Aladdin ist schneller als die Wachen, doch manchmal schnappen sie ihn.

Man nannten ihn einen Dieb, doch Aladdin stahl nur, um zu überleben. Er wusste, dass mehr in ihm steckte, und hoffte, den Menschen eines Tages den wahren Aladdin zeigen zu können.

Pluderhose

Zuhause: Auf einem Dach in Agrabah – er hat den besten Blick über die Stadt

Mag: Spaß haben, anderen helfen

Mag nicht: Ein armer Straßenjunge sein; Menschen, die glauben, er habe Flöhe

Aladdin hat ein gutes Herz.

Aladdin steckte oft in Schwierig-keiten, war aber auch mutig und gütig. Er half jedem – dem hungrigen Kind ebenso wie der hübschen Prinzessin. Mit seinem Kumpel, Äffchen Abu, hauste Aladdin auf einem staubigen Dach. Von dort oben hatte er einen großartigen Blick auf den Sultanspalast. Er träumte davon, so reich zu sein wie der Sultan. Denn wer in einem Palast wohnte, musste schließlich reich und zufrieden sein, nicht wahr?

Aladdin träumt vom Leben in einem Palast wie dem des Sultans.

Abu

Der kleine, spitzbübische Meisterdieb Abu ist das perfekte Haustier für Aladdin. Doch im Gegensatz zu Aladdin macht es Abu Spaß zu stehlen, besonders funkelnde Juwelen.

Abu liebt Honig.

Ähnliche Weste wie Aladdin

Aladdin und Abu gehen zusammen durch dick und dünn.

Bester Freund: Aladdin

Leibspeise: Saftige Wassermelonen

Mag: Essen; alles, was glänzt; Marktverkäufer austricksen; den Wachen Ärger machen

Mag nicht: Gefahr

Jasmin

Jasmin weiß nicht genau, ob sie gerne Prinzessin ist. Sie hat den Palast noch nie verlassen. Das Mädchen sehnt sich nach Abenteuer und Spannung.

Gold-schmuck

Lange schwarze Haare

Jasmin möchte frei wie ein Vogel sein.

Traum: Die Welt jenseits der Palastmauern sehen

Bester Freund: Tiger Radscha – sie vertraut ihm all ihre Geheimnisse und Träume an

Mag nicht: Hochnäsige Verehrer, Vorschriften

Prinzessin Jasmin lebte mit ihrem Vater, dem Sultan, im Palast von Agrabah. Sie war alles andere als glücklich, obwohl sie die schönsten Kleider besaß und das köstlichste Essen aß, denn sie fühlte sie sich wie eine Gefangene und war frustriert. Viel von der Welt hatte sie noch nicht gesehen. Ein altes Gesetz schrieb vor, dass sie noch vor ihrem nächsten Geburtstag einen Prinzen ehelichen sollte, doch Jasmin ließ sich nicht gerne etwas vorschreiben. Sie wollte aus Liebe heiraten.

Der Sultan

Der Sultan findet, dass jeder einfach nett sein und sich an das Gesetz halten sollte. Dann hätte er mehr Zeit zum Puzzeln. Und für seine anderen Hobbys.

Der Sultan war ein guter Mann und liebte seine Tochter, doch er wollte, dass sie das Gesetz achtete. Er würde sie nicht ewig beschützen können und wünschte sich für sie einen freundlichen, mutigen Prinzen, der sich gut um sie kümmerte ... wenn sie ihn ließe! Bisher hatte Jasmin jeden Verehrer abgelehnt, den ihr Vater vorgeschlagen hatte. Drei Tage vor ihrem Geburtstag lief die Zeit davon und der Sultan verzweifelte allmählich.

Rausche-bart

Jasmin will aus Liebe heiraten, doch ihr Vater will, dass das Gesetz befolgt wird.

Zuhause: Ein prunkvoller Palast

Mag: Mit seinen Spielzeugtieren spielen, Paraden

Mag nicht: Wenn Jasmin akzeptable Prinzen ablehnt – ihre Mutter war weniger wählerisch!

Dschafar

Der hinterhältige Dschafar schmeichelt dem Sultan und gibt vor, ihm zu dienen, doch insgeheim will er ihn vernichten. Er geht über Leichen, um die mächtigste Person in Agrabah zu werden.

Langer Umhang

Stab

Dschafar glaubt, er wäre ein besserer Herrscher.

Beruf: Großwesir

Ziel: Über Agrabah herrschen

Mag: Kontrolle haben, sich durchsetzen

Fähigkeit: Menschen hypnotisieren

Während der Sultan sich um Jasmins Zukunft sorgte, vertraute er die Regierungsgeschäfte Agrabahs seinem Großwesir Dschafar an. Leider hypnotisierte der böse Dschafar den Sultan mit seinem magischen Schlangenstab, sodass dieser ihm bedingungslos gehorchte. Dschafar wollte selbst Sultan werden und hoffte, die Wunderlampe, von der er gehört hatte, würde ihm dabei helfen. Er würde alles tun, um sie zu finden.

Nur einer kannte Dschafars wahre Persönlichkeit – sein Papagei Jago. Der gesprächige Vogel war ebenso durchtrieben wie sein Besitzer und steuerte selbst ein paar listige Ideen bei. Während die beiden vorhatten, den Platz des Sultans einzunehmen, fasste Jasmin einen waghalsigen Plan: Sie wollte aus dem Palast ausreißen und sich ein neues Leben suchen, wo sie tun und lassen konnte, was sie wollte.

Jago

Jago ist ein rüder, ungeduldiger Vogel. Er hasst es, so zu tun, als möge er den Sultan, und freut sich auf den Tag, wenn Dschafar endlich mit ihm an der Seite über Agrabah herrscht.

Rot-blaue Federn

Spitze Krallen

Dschafars gefiederter Gehilfe flüstert seinem Meister häufig Ratschläge und Ermutigungen ins Ohr.

Fähigkeit: Stimmen imitieren

Mag: Dschafar bei seinen bösen Plänen helfen; Leute beleidigen, wenn sie außer Hörweite sind

Mag nicht: Futter in den Schnabel gestopft kriegen – Jago will keinen Keks!

Radscha

Radscha ist ein sanfter, verspielter, aber auch sehr starker Tiger. Er beschützt Jasmin und verscheucht auch mal Prinzen, die sie nur wegen ihrem Reichtum und Status heiraten wollen.

Als Radscha sah, dass Jasmin weglaufen wollte, versuchte er, sie aufzuhalten. Doch als sie ihm ihre Gründe darlegte, verstand Radscha. Er half seiner Freundin sogar dabei, über die Palastmauern zu klettern. Jasmin war gespannt auf die laute, geschäftige Welt, wusste aber nicht, wie man sich dort verhielt. Einem hungrigen Kind gab sie einen Apfel von einem nahegelegenen Marktstand, ohne dafür zu bezahlen. Plötzlich nannte der Verkäufer sie eine Diebin!

Schnurr-haare

Dickes Fell

Ein Tiger ist ein guter Leibwächter.

Mag: Jasmin aufmuntern; in den Gärten spielen; gestreichelt werden

Mag nicht: Allein gelassen werden; Fremde

Lieblingsspiel: Lästige Verehrer verjagen – er reißt ihnen gerne die Hosen vom Leib!

Gute Verkleidung

Niemand auf dem Markt ahnt, dass das Mädchen in dem einfachen braunen Umhang mit Kapuze eine Prinzessin ist. Endlich fühlt Jasmin sich frei. Sie will nie wieder nach Hause zurück.

Aladdin rettet Jasmin in letzter Sekunde.

Aladdin fiel eine bildhübsche junge Frau auf dem Marktplatz auf. Als er sah, dass sie in Schwierigkeiten war, beschloss er, ihr zu helfen. Geistesgegenwärtig erklärte er dem Verkäufer am Marktstand, dass Jasmin seine Schwester und ein wenig verrückt sei. Jasmin spielte mit und konnte mit Aladdin fliehen. Die Prinzessin und der Gassenjunge entdeckten, dass sie eine Menge gemeinsam hatten, bis sie jäh unterbrochen wurden ...

Jasmin ist fasziniert von Aladdins aufregendem Leben.

Kapuze verdeckt Kopfschmuck.

Langer brauner Umhang

Spitze braune Schuhe

Razoul

Der fiese Razoul stellt die Befehle seines Meisters Dschafar nie in Frage – er führt sie einfach aus. Er wünscht sich, seine Wachen wären so schlau wie er zu sein glaubt.

Uniform der königlichen Wachen

Dschafar hatte herausgefunden, dass Aladdin als Einziger ihm helfen konnte, die Wunderlampe zu finden. Er sandte seine Wachen mit ihrem Anführer, dem grausamen Hauptmann Razoul, um ihn aufzuspüren. Aladdin versuchte wegzurennen, doch die Wachen waren stärker als er. Jasmin gab sich als die Prinzessin zu erkennen, um ihren neuen Freund zu retten, doch Razoul gehorchte nur Dschafar.

Razoul und die Wachen schnappen Aladdin und bringen ihn in den Kerker.

Razoul wundert sich, Jasmin außerhalb des Palastes zu sehen.

Beruf: Hauptmann der Wache

Meister: Dschafar – Razoul führt dessen schmutzige Pläne aus.

Mag nicht: Gassenjungen, Unruhestifter; ausgetrickst werden; jeden, der ihm in die Quere kommt

Aladdin wurde ins Gefängnis geworfen, Dschafar sagte Jasmin jedoch, er sei tot. Aladdin musste unaufhörlich an die Prinzessin denken, doch einen Straßenjungen wie ihn würde sie nie heiraten dürfen. Ein seltsamer alter Gefangener bot Aladdin Hilfe bei der Flucht an, wenn er ihn zu einer Schatzhöhle begleiten würde. Aladdin war einverstanden, denn wenn er einen großen Schatz hätte, würde der Sultan der Hochzeit vielleicht doch zustimmen.

Seltsamer Greis

An diesem geheimnisvollen Insassen ist etwas faul. In Wirklichkeit handelt es sich um den verkleideten Dschafar. Er will Aladdin nicht helfen, sondern die Wunderlampe finden.

Rauschebart

Zahn-lücken

Lumpiger Umhang

Der Greis ist zu schwach, selbst zur Höhle zu gehen – das glaubt jedenfalls Aladdin.

Wunderhöhle

Die Wunderhöhle ist ein mächtiges Wesen, das nur „ungeschliffenen Diamanten" Zutritt gewährt und erlaubt, die Wunderlampe zu holen. Sie bestraft jeden, der ihre anderen Schätze raubt.

Die Höhle birgt haufenweise Schätze.

Eingang zur Höhle

Fähigkeiten: Unwürdige am Betreten hindern; Diebe einsperren, die den Schatz stehlen wollen

Mag nicht: Gestört oder missachtet werden; habgierige Menschen

Immer noch in Gestalt des Greises führte Dschafar Aladdin und seinen Freund Abu zur Wunderhöhle mitten in der Wüste. Und tatsächlich ließ die Höhle Aladdin hinein – unter der Bedingung, dass er nichts außer der Lampe berührte. Während Dschafar draußen wartete, betraten Aladdin und Abu nervös die Höhle. Sie war randvoll mit Gold und wertvollen Juwelen, die die beiden reicher gemacht hätten als in ihren kühnsten Träumen. Doch die Lampe war nirgends zu sehen.

In der weitläufigen Höhle trafen Aladdin und Abu einen schüchternen fliegenden Teppich. Er wusste zum Glück genau, wo sich die Lampe befand. Als Aladdin sie holte, konnte Abu sich nicht beherrschen und griff nach einem riesigen Rubin. Die Höhle wurde wütend und versuchte, die beiden einzusperren, doch der Teppich kam ihnen zu Hilfe. Aladdin überreichte Dschafar die Lampe. „Zum Dank" wollte der Großwesir ihn beseitigen, aber Abu biss Dschafar in den Arm und holte sich die Wunderlampe zurück.

Der fliegende Teppich neckt Abu, doch der ist gar nicht amüsiert.

Fliegender Teppich

Der fliegende Teppich ist überaus clever. Trotz seiner Nervosität will er Aladdin und Abu helfen. Er hofft, dass sie gute Freunde werden.

Quasten als Hände

Mag: Fliegen, sich anschleichen, neue Freunde gewinnen, Besuchern der Höhle helfen

Mag nicht: Zu lange in der Höhle sein; wenn auf ihm herumgetrampelt wird

Lieblingsspiel: Schach

Dschinni

Der Dschinni ist mächtig, gütig und ein wenig verrückt. Er kann alles, außer Tote zum Leben erwecken, Liebe entstehen lassen und sich selbst aus der Lampe befreien.

Goldene Handschelle

Nur vier Finger

Aladdin und Abu waren in der Höhle gefangen und zumindest vor Dschafar sicher. Aladdin verstand nicht, was an der Lampe so besonders war, und begann sie zu polieren. Ein Dschinn tauchte auf und gewährte ihm drei Wünsche! Aladdin überlegte sie sich gut, trickste den Dschinn vorher aber aus, um aus der Höhle zu kommen. Er versprach Dschinni, ihn mit seinem letzten Wunsch zu befreien, doch zuerst wollte er in einen Prinzen verwandelt werden.

Dschinni unterhält seinen Meister Aladdin gern.

Traum: Endlich aus der Lampe befreit werden

Mag: Aladdin helfen, Spaß haben, Leute imitieren

Fähigkeiten: Jedem seiner Meister exakt drei Wünsche erfüllen

Prinz Ali reitet auf einem Elefanten.

Prinz Ali

Aladdin glaubt, dass
er nicht gut genug für Jasmin ist,
Prinz Ali hingegen schon.
Selbstsicher und charmant will
er ihr Herz gewinnen.

Edle, teure Kleider

Spitze Schuhe

Kein Problem für Dschinni! Aladdin wurde in den verwegenen Prinzen Ali verwandelt und Abu in seinen treuen Elefanten. Gassenjunge Aladdin konnte Prinzessin Jasmin vielleicht nicht heiraten, doch dem reichen, kultivierten Prinzen Ali war das sicher möglich. Mit Dschinnis Hilfe machte Prinz Ali sich auf den Weg zu seiner Braut. Eine wichtige Sache hatte er jedoch übersehen: Jasmin hatte ihr Herz an Aladdin verloren.

Willensstark

Jasmin ist glücklich, dass Aladdin noch lebt, aber verärgert, dass er ihr den Prinzen vorgespielt hat. Sie hat die Nase voll davon, dass alle für sie entscheiden!

Jasmin und Aladdin fliegen so hoch, dass sie die Wolken greifen können.

Jasmin hielt Prinz Ali für einen weiteren eingebildeten Prinzen und wies ihn ab. Er überredete sie jedoch zu einem Flug auf seinem Teppich, wo Jasmin endlich merkte, dass Prinz Ali der Junge vom Markt war. Doch Aladdin gaukelte ihr vor, schon immer ein Prinz gewesen zu sein. Es schien, als hätte Jasmin endlich die Liebe gefunden. Doch Dschafar war entschlossen, sich sein Vorhaben, Sultan zu werden, nicht von Prinz Ali durchkreuzen zu lassen. Er musste den Prinzen loswerden.

Jasmin weiß: Aladdin ist der Mann, auf den sie gewartet hat.

Formelles lila Kleid

Juwel passt zum Haarband.

Der fiese Dschafar ließ Aladdin ins Meer werfen. Dschinni konnte ihn zwar retten, verbrauchte damit aber Aladdins zweiten Wunsch. Als Aladdin unversehrt zum Palast zurückkehrte, tobte der Großwesir vor Wut – bis er die Lampe an Aladdins Gürtel sah und ihn erkannte. Dschafar befahl Jago, die Lampe zu stehlen. Kaum hatte Dschafar sie, wünschte er sich, Sultan zu sein. Dschinni blieb keine Wahl, als ihm den Wunsch zu erfüllen – und auch den zweiten: der mächtigste Zauberer der Welt zu sein. Nun konnte Dschafar Aladdin verbannen und Jasmin, den Sultan und Radscha zu seinen Sklaven machen.

Mit seinen neuen Zauberkräften erklärt sich Dschafar zum Sultan.

Sklavin

Jasmin kann sich nichts Schlimmeres vorstellen, als Dschafar gehorchen zu müssen. Sie beschließt, das Spiel mitzuspielen, und hofft, dass Aladdin für sie alle einen Ausweg findet.

Lange goldene Ohrringe

Kleid von Dschafar gewählt

Hände in Ketten

Große Macht

Dschafars größte Schwäche ist sein eigenes Ego. Er ist so von der Macht besessen, dass er schließlich von einem einfachen Gassenjungen besiegt wird. Aladdins Plan durchschaut er erst, als es zu spät ist.

Dschafar freute sich zu früh, Aladdin endlich los zu sein. Mit Hilfe von Abu und dem fliegenden Teppich kam Aladdin zurück, um Jasmin zu retten. Als Dschafar sich wünschte, dass Jasmin sich in ihn verliebte, tat die Prinzessin so, als ob. Indes versuchte Aladdin, die Lampe zurückzuholen – leider vergeblich. Dschafar sperrte Jasmin in eine Sanduhr. Dann verwandelte er sich in eine riesige Schlange und griff Aladdin an. Doch der war für Dschafar zu clever. Er behauptete, Dschinns wären viel mächtiger als Dschafar.

Schwarze Krallen

Dschafars Dschinnbart

Dschafar als Dschinn

In Gestalt der Schlange kann Dschafar Aladdin einfangen und mit seinen spitzen Zähnen beißen.

Als er das hörte, ließ Dschafar sich mit seinem dritten und letzten Wunsch in einen Dschinn verwandeln. Kaum geschehen, sperrte Aladdin ihn in eine Lampe und befreite Jasmin. Mit seinem eigenen letzten Wunsch befreite er Dschinni. Und Jasmins Vater änderte das Gesetz, sodass Jasmin sich ihren Ehemann aussuchen durfte: Natürlich wählte sie Aladdin.

Dschinnis goldene Handschellen verschwinden, als Aladdin ihm Freiheit schenkt.

Endlich frei

Aladdin zu begegnen ist das Beste, was Jasmin je passiert ist. Nun ist sie frei zu gehen, wohin sie will. Und auch Aladdin kann endlich der Mann sein, der er schon immer sein wollte.

Funkelnde Juwelen

Glitzernder Rock

Nichts kann das glückliche Paar noch trennen.

Feine blaue Schnabelschuhe

Wallendes Haar

Juwelen zur Zierde

Fransen am Saum

Pocahontas

Als die Siedler an den Ufern der Neuen Welt ankamen, konnten die eigensinnige Pocahontas und ein waghalsiger Entdecker viel voneinander lernen. Gemeinsam hofften sie, ihre Völker zu retten und dem Land dauerhaft Frieden zu bringen.

Inhalt

John Smith

John ist mutig, freundlich und setzt sein Leben für andere aufs Spiel. Er glaubt, Straßen und Häuser ermöglichen den Menschen der Neuen Welt ein besseres Leben.

John kann sein Abenteuer in der Neuen Welt kaum erwarten.

Schwert zum Kämpfen

Zuhause: London (England)

Mag: Reisen, erkunden, Abenteuer erleben, Leute kennenlernen, Neues ausprobieren

Mag nicht: Zu lange an einem Ort bleiben – es gibt doch so viel von der Welt zu sehen!

Im Jahr 1607 war Amerika ein kaum bekannter Ort, den man die „Neue Welt" nannte. Viele Leute hatten gehört, dass dort Gold zu finden sei. Sie wollten danach graben und reich werden. Dabei nahmen sie keine Rücksicht auf die Menschen, die dort lebten. Sie hielten diese Leute für „Wilde". Der Entdecker John Smith war schon viel um die Welt gereist. Ihm ging es um Abenteuer, nicht um Geld. Er hoffte, seine neueste Mission als Kapitän des Schiffs *Susan Constant* würde sein größtes Abenteuer werden.

Seit vielen Jahren lebte ein Stamm in der Neuen Welt in Harmonie mit der Erde. Sie achteten die Natur und waren stolz auf ihre schöne Heimat. Ihr weiser, angesehener Stammeshäuptling war bereit, für die Sicherheit seines Volkes in den Krieg zu ziehen. Häuptling Powhatan hatte eine geliebte Tochter, Pocahontas. Sein größter Wunsch war es, dass sie glücklich war. Er glaubte, der richtige Weg für sie sei es, einen starken Mann aus dem Stamm zu heiraten.

Powhatan

Der Häuptling ist ein furchtloser Krieger, ein weiser Anführer und ein liebender Vater. Er muss schwierige Entscheidungen treffen, ist aber fair. Er tut stets, was er für richtig hält.

Edle Federkrone

Leder- umhang

Häuptling Powhatan kehrt nach einem Sieg gegen einen gegnerischen Stamm zurück.

Beruf: Stammeshäuptling

Traum: Dass Pocahontas einen starken Krieger heiratet

Ziel: Seinen Stamm vor Eindringlingen schützen, damit er in Frieden leben kann

Pocahontas

Pocahontas ist stark, klug und unabhängig. Sie ist entschlossen, ihrem Herzen zu folgen, und wünscht sich ein spannendes, abenteuerliches Leben.

Die Halskette gehörte Pocahontas' Mutter.

Die lebenslustige Pocahontas war ebenso eigensinnig wie ihre Mutter früher. Oft entfernte sie sich in ihrer Abenteuerlust weit von ihrem Stamm. Am glücklichsten war sie in der Natur – wenn sie auf dem Fluss paddelte, durch die Wälder streifte und Wasserfälle hinabsprang. Pocahontas liebte ihren Vater und wollte, dass er zufrieden mit ihr war. Doch tief im Herzen glaubte sie, dass er den falschen Weg für sie vorgesehen hatte. Sie träumte oft von einem kreisenden Pfeil und sah ihn als Hinweis auf ihr wahres Schicksal.

Stammestracht

Pocahontas ähnelt einem Fluss: Sie ist frei und unberechenbar.

Traum: Ihren eigenen Weg gehen

Mag: Die Natur; gehen, wohin der Wind sie trägt; träumen

Mag nicht: Krieg; keine eigenen Entscheidungen treffen dürfen

Kocoum

Er zeigt es zwar nicht, doch Kocoum liebt Pocahontas. Er hofft, dass sie seine Gefühle eines Tages erwidern und ihn heiraten wird. Bis dahin will er sie beschützen.

Kocoum ist ein großer Krieger, doch er ist sehr ernst und es fällt ihm schwer, Gefühle zu zeigen.

Kocoum, der stärkste und furchtloseste Krieger des Stammes, hatte Häuptling Powhatan um die Hand seiner Tochter gebeten. Der Häuptling war erfreut, denn er hielt Kocoum für einen guten Ehemann für Pocahontas. Doch obwohl Kocoum schön und heldenhaft war, liebte Pocahontas ihn nicht. Sie fand ihn zu ernst – er lächelte nie und spielte keine Spiele. Er sprach sogar nur selten! Pocahontas sagte ihrem Vater, was sie dachte, doch Häuptling Powhatan hoffte, dass sie ihre Meinung in der nahen Zukunft ändern würde.

Feder im Haar

Aufgemalte Bärentatzen stehen für Mut.

Eigenschaft: Stark wie ein Bär – noch niemand konnte ihn besiegen!

Mag: Seinem Stamm dienen; seine Kampfgenossen zu großen Siegen führen

Mag nicht: Bedrohungen für seinen Stamm

Gouverneur Ratcliffe

Der Gouverneur ist sehr unbeliebt. Er ist faul, egoistisch und ein totaler Versager. Er hofft, dass diese Reise sein Schicksal ändern wird.

Inzwischen war die *Susan Constant* endlich in der Neuen Welt angekommen. Die Reise wurde von einem Mann namens Gouverneur Ratcliffe bezahlt. Er war gemein und habgierig und wollte unbedingt Gold finden. Er hoffte, als reicher Mann nach England zurückzukehren, sodass ihn jeder respektieren würde. Ratcliffe befahl seiner Mannschaft, das Land auszukundschaften und dafür zu sorgen, dass die „Wilden" ihnen nicht in die Quere kämen. Sobald er wüsste, dass es sicher wäre, würde auch er an Land gehen.

Ratcliffe ist entschlossen, Gold zu finden – aber suchen müssen seine Männer!

Rote Haarschleifen

Karte der Neuen Welt

Traum: König James beeindrucken, indem er in der Neuen Welt siedelt; Indianergold

Mag: Gold; seine Männer herumkommandieren; Macht; Rache

Mag nicht: Harte Arbeit; gedemütigt werden; „Wilde"

John und seine Crew sind froh: endlich wieder fester Boden unter den Füßen!

Pocahontas beobachtete, wie John Smith die Mannschaft an Land führte. Sie hielt sich versteckt, doch ihr neugieriger Freund, Waschbär Meeko, lief schnurstracks auf John zu! Der hatte solch ein Tier noch nie zuvor gesehen. Er bot ihm einen Zwieback an, den der hungrige Meeko sogleich verschlang. Schon bald hatten sich die beiden angefreundet. John ahnte, dass Meeko nicht alleine war, doch bevor er Pocahontas entdeckt hatte, musste er zu seiner Mannschaft zurückkehren.

Heimlich beobachtet Pocahontas das Geschehen.

Meeko

Waschbär Meeko ist ein neugieriges Ding. Er macht gerne mit Pocahontas Erkundungen, besonders, wenn er Leckereien entdeckt. Meeko hat einen riesigen Appetit!

Zwieback

Gestreifter Schwanz

Meeko hält niemanden für gefährlich, der ihm Leckerbissen gibt.

Leibspeise: Zwieback

Beste Freundin: Pocahontas

Mag: Den Kolibri Flit ärgern; funkelnde Schätze entdecken; alles futtern, was er in die Pfoten kriegt

Kekata

Kekata ist ein erfahrener Heiler. Er versteht Pocahontas besser als ihr Vater. Er sieht, dass sie stark, klug und frei ist, genau wie ihre Mutter es war.

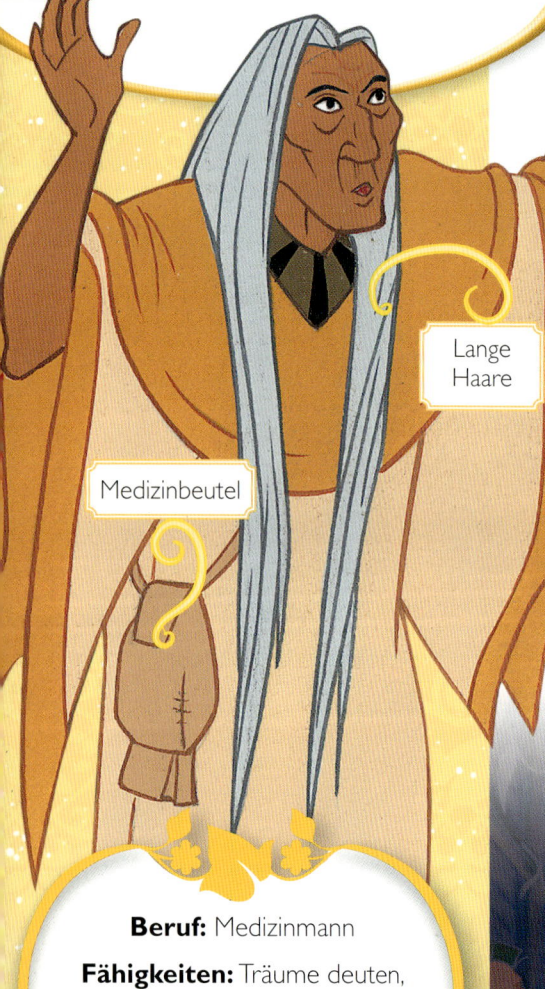

Lange Haare

Medizinbeutel

Beruf: Medizinmann

Fähigkeiten: Träume deuten, Kranke und Verletzte heilen, die Zukunft vorhersagen

Mag nicht: Habgierige Siedler mit seltsamen Waffen

Während Pocahontas die Neuankömmlinge neugierig beobachtete, waren ihre Stammesgenossen besorgt. Kekata, der spirituelle Heiler des Stammes, war misstrauisch gegenüber den fremden Männern. Er warnte den Stamm vor deren „Waffen, die Feuer und Donner spuckten". Kocoum war erpicht auf einen Krieg. Doch der weise Häuptling befahl seinen Kriegern, zuerst möglichst viel über die Fremden herauszufinden. Er hoffte, dass die Besucher bald wieder verschwinden würden.

Der Häuptling warnt sein Volk, nicht überhastet zu handeln.

Der herrische Ratcliffe treibt seine Männer zum Weitergraben an. Nur so glaubt er, Gold zu finden.

Leider wollte Ratcliffe so lange bleiben, bis das letzte Klümpchen Gold gesammelt war. Er schickte Ben und Lon mit all den anderen Männer an die Arbeit. Sie sollten Bäume fällen und Löcher graben. Das Land und die Natur kümmerten ihn nicht – er wollte Reichtum. Er ahnte nicht, dass er niemals etwas finden würde: Es gab in der Neuen Welt gar kein Gold! Einer der Männer war nicht mitgekommen, um Löcher zu graben: John Smith. Er wollte Abenteuer erleben.

Ben und Lon

Die guten Freunde Ben und Lon sind fleißige Arbeiter, denen es anfangs nichts ausmacht zu buddeln. Doch als sie nichts finden und ihnen das Essen ausgeht, verlieren sie das Vertrauen in Ratcliffe.

Zotteliger Bart

Leder- weste

Beruf: Seemänner der Virginia Company

Traum: In Übersee ihr Glück machen und Gold finden

Vorbild: John Smith – sie haben viel von seinen Abenteuern gehört

Flit

Flit ist ein winziger Kolibri mit einer großen Persönlichkeit. Er ist sehr frech und würde alles tun, um seine Freundin Pocahontas zu beschützen. Liebend gern ärgert er auch seinen Kumpel Meeko.

John Smith und Pocahontas müssen voneinander lernen.

Rosa Fleck

Langer Schnabel

Schwanzfeder

Mag: Auf Pocahontas aufpassen, Streiche spielen, auf nervige Menschen einpicken

Mag nicht: Fremde; wenn Meeko Quatsch macht

Beim Erkunden der Neuen Welt fühlte John sich beobachtet. Er witterte Gefahr und hob seine Flinte. Doch dann sah er, dass eine bildhübsche junge Frau ihn schon die ganze Zeit ausgespäht hatte – es war die schönste Frau, die er je gesehen hatte. Als er mit ihr sprechen wollte, rannte sie davon. John lief ihr nach und bat sie, bei ihm zu bleiben. Pocahontas spürte, dass dieser Fremde vertrauenswürdig war, doch ihr Freund Flit war sich nicht so sicher.

Flit misstraut dem Fremden, doch Meeko hält ihn unter Kontrolle.

Thomas

Thomas ist kein besonders guter Seemann oder Soldat. Auf der Reise in die Neue Welt wäre er beinahe ertrunken. Eines Tages will er sich bei seinem Retter John revanchieren.

Pocahontas und John waren voneinander fasziniert. Leider lernten sich auch der Stamm und die Mannschaft vom Schiff näher kennen, aber die hatten sich viel weniger lieb. Als die Schiffsmannschaft den Stamm entdeckte, schoss sie mit Flinten auf ihn. In der Hitze des Gefechts stolperte der junge Thomas, feuerte versehent

Thomas ist jung und unerfahren im Kampf.

lich sein Gewehr ab und verfehlte Ratcliffe nur knapp. Als ein Krieger des Stammes verwundet wurde, holten die anderen Verstärkung. Höchstwahrscheinlich gab es Krieg.

Matrosenmütze

Kocoum eilt dem verletzten Krieger zu Hilfe.

Traum: Einen Haufen Gold finden und sich in der neuen Welt ein großes Haus bauen

Mag: Freunde finden, das Richtige tun

Mag nicht: Ratcliffes Zorn und Arroganz

Nakoma

Nakoma und Pocahontas sind schon seit Kindertagen die besten Freundinnen, obwohl sie sich überhaupt nicht ähnlich sind. Nakoma ist still und vernünftig, Pocahontas hingegen mutig und rebellisch.

Haare mit Lederriemen gebunden

Mag: Ihrem Stamm helfen; mit Pocahontas spielen und Quatsch machen; den hübschen Kocoum anhimmeln

Mag nicht: Die Regeln brechen; Schwierigkeiten; wenn Pocahontas sie ignoriert

John erzählte Pocahontas alles über England. Er zeigte ihr seinen Kompass und erklärte ihr, dass der Pfeil ihm half, den richtigen Weg zu finden. Im Gegenzug erklärte Pocahontas, dass sie keine „Wilde" war, nur weil ihr Leben ganz anders war als seines. Zurück im Dorf spürte Pocahontas' Freundin Nakoma, dass sie etwas zu verbergen hatte. Als sie herausfand, dass Pocahontas sich mit einem der Siedler angefreundet hatte, war sie schockiert. Doch fürs Erste wollte sie das Geheimnis für sich bewahren.

Nakoma fürchtet, dass Pocahontas verletzt wird.

John sagte seinen Männern, dass es kein Gold gab und sie sich mit dem Stamm anfreunden sollten.

Die Männer und Ratcliffes Hund Percy hatten genug vom Kämpfen, doch Ratcliffe wollte Krieg. John schlich sich davon, um

Weder Meeko noch Percy kämpfen gern.

Pocahontas zu warnen. In der Zwischenzeit hatte Nakoma Kocoum das Geheimnis von Pocahontas erzählt. Als der Krieger sie mit John zusammen sah, wurde er eifersüchtig und griff John an. Thomas, der John heimlich gefolgt war, wollte seinem Freund beistehen, zückte seine Waffe und schoss auf Kocoum.

John ist dem eifersüchtigen Kocoum nicht gewachsen.

Percy

Percy ist Gouverneur Ratcliffes verwöhnter, fauler Schoßhund. Nach einem holprigen Start werden der Mops und Waschbär Meeko die besten Kumpel, vereint von ihrer Liebe zum Essen.

Edles Halsband mit Goldanhänger

Mag: Leckerlis; auf seinem Samtkissen herumgetragen werden; verwöhnt und verhätschelt werden

Mag nicht: Von Meeko genervt werden; Schmutz; seinen Willen nicht kriegen

Großmutter Weide

Großmutter Weide ist ein uralter, weiser Weidenbaum. Sie gibt Pocahontas Ratschläge, wenn sie sie braucht. Großmutter Weide versteht, dass Pocahontas John liebt, und sieht, dass er ein guter Mann ist.

Pocahontas sucht nach Johns Gefangennahme bei Großmutter Weide Trost.

Ein Gesicht erscheint.

Fähigkeiten: Große Weisheit, die sie über Jahrhunderte erlangt hat. Mit ihren Ästen kann sie Schurken peitschen oder zum Stolpern bringen.

Mag: Pocahontas helfen

Mag nicht: Kämpfen, Unwissen

Kocoum starb! Um Thomas zu schützen, nahm John die Schuld auf sich und wurde zum Tode verurteilt. Pocahontas war untröstlich, doch John bereute nichts. Er war glücklich, sie kennengelernt zu haben. Pocahontas suchte bei Großmutter Weide Rat. Die half ihr zu verstehen, dass der Pfeil in Johns Kompass der Pfeil aus ihren Träumen war. John war ihr rechter Weg – sie musste ihn retten! Unglücklicherweise war Ratcliffe unterwegs, um ihren Stamm anzugreifen.

Wiggins

Kurz vor der Hinrichtung flehte Pocahontas ihren Vater an, Frieden walten zu lassen. Er sah ein, dass sie recht hatte, und erklärte die Kämpfe für beendet. Ratcliffe jedoch feuerte auf den Häuptling. John warf sich vor ihn und wurde schwer verletzt. Die ganze Mannschaft war nun gegen Ratcliffe, selbst sein Diener Wiggins. John musste nach England zurück, um gesund zu werden. Pocahontas war sehr traurig, doch sie wusste, dass ihr Stamm sie brauchte. John würde für immer in ihrem Herzen bleiben.

Wiggins ist ein guter Kammerdiener. Er arbeitet hart, hört auf seinen Meister und übt nie Kritik. Doch selbst er hält Ratcliffe für einen miserablen Anführer.

Gelbe Dieneruniform

John setzte sein Leben für Powhatan aufs Spiel.

Pocahontas blickt John nach.

Beruf: Ratcliffes Kammerdiener

Mag: Dekorieren, Hecken in Tierformen schneiden, Geschenkkörbe zusammenstellen

Mag nicht: Kämpfe; Menschen verärgern

Ärmel
aus Seide

Traditionelles
Kleid

Feine
Stickereien

Mulan

Vor langer Zeit konnten in
China Mädchen ihren Familien
nur als anmutige Damen und
pflichtbewusste Bräute Ehre machen.
Mulan brauchte all ihren Mut, um
sich von der Tradition zu befreien,
China zu retten und sich selbst
treu zu bleiben.

Inhalt

Mulan

Die junge Mulan möchte ihrer Familie Ehre machen, jedoch am liebsten auf ihre eigene Weise. Sie ist keine ruhige, zarte Dame, sondern strotzt vor Energie und Ideen.

Im alten China wurden die Söhne zu mutigen Soldaten erzogen. Von den Töchtern erwartete man, dass sie ihren Familien Ehre und Glück brachten, indem sie gute Männer fanden und treue Ehefrauen wurden. Fa Mulan war die einzige Tochter einer traditionellen chinesischen Familie. Sie liebte ihre Familie sehr und wollte sie stolz machen, doch irgendwie unterliefen ihr ständig Missgeschicke. Sie war weder anmutig noch unterwürfig, sondern tollpatschig, immer verspätet und vergesslich. Wie viel Mühe sie sich auch gab, Mulan war keine elegante Dame.

Traditionelles Gewand

Mag: Zeit mit ihrer Familie verbringen; sie selbst sein; Herausforderungen

Mag nicht: Wenn Mädchen anders behandelt werden als Jungs

Traum: Familie Fa Ehre bringen

Mulan schreibt sich einen Spickzettel auf den Arm.

Kleiner Bruder hilft Mulan bei der Hausarbeit.

Kleiner Bruder

Kleiner Bruder würde alles für Mulan tun. Sie bedeutet ihm mehr als ein saftiger Knochen – er hofft aber, sich niemals zwischen den beiden entscheiden zu müssen!

Mulans bester Freund war das Hündchen Kleiner Bruder. Es ging ihr gerne bei ihren Pflichten im Haushalt wie dem Füttern der Hühner und des Pferdes zur Hand. Jedoch genau wie seine Besitzerin stiftete Kleiner Bruder häufig unbeabsichtigt Chaos. Eines Tages benötigte Mulan noch mehr Hilfe als gewöhnlich. Sie sollte sich mit der Heiratsvermittlerin des Dorfes treffen und zeigen, dass sie eine gute Braut wäre. Mulan war ganz schön nervös und kam natürlich, wie immer, zu spät.

Manchmal wird das Chaos nur noch größer, wenn das Hündchen mithilft.

Schlappohr

Mag: Im Garten herumrennen, mit Mulan rumalbern, die Tiere füttern, mit den Hühnern spielen

Leibspeise: Köstliche Knochen – für solch eine Belohnung würde er Mulan bei jeder Arbeit helfen

Fa Shu

Fa Shu ist ein stolzer, pflicht-bewusster Mann. Als Soldat kämpfte er mutig für China und wurde in der Schlacht verletzt. Um die Ehre seiner Familie zu schützen, würde er sein Leben riskieren.

Fa Shu betet zu seinen Ahnen.

Gehstock

Werte: Treue, Mut, Ehre

Beruf: Kriegsheld im Ruhestand

Lieblingsort: Unter dem Blütenbaum in seinem Garten – dort sitzt er gerne mit Mulan.

Mulans Eltern sorgten sich oft um ihre geliebte Tochter. Ihr Vater Fa Shu war früher ein berühmter Soldat gewesen, doch jetzt war er alt und gebrechlich. Jeden Tag betete er zu seinen Ahnen. Er hoffte, sie würden Mulan dabei unterstützen, die Heiratsvermittlerin zu beeindrucken und der Familie Fa Ehre zu bringen.

Fa Shu glaubt immer an seine Tochter. Doch sie kann so tollpatschig sein!

Fa Shu glaubte, eine gute Hochzeit wäre der einzige Weg, wie Mulan ihrer Familie helfen könnte.

Mulans Mutter Fa Li teilte die Sorgen ihres Mannes. Was sollte nur aus der Familie werden, wenn Mulan keinen guten Eindruck auf die Heiratsvermittlerin machte? Mulan würde keinen guten Mann finden und sie wären alle entehrt. Wie gewöhnlich war ihre Tochter spät dran. Fa Li wünschte, sie hätte die Ahnen um Glück angebetet. Schließlich musste Mulan gebadet, frisiert und dem Anlass entsprechend gekleidet werden, bevor sie die Heiratsvermittlerin treffen konnte.

Nur mit Eleganz kann man die Heiratsvermittlerin beeindrucken.

Fa Li

Fa Li macht sich Sorgen um ihre Tochter. Sie sieht, dass Mulan unglücklich ist, glaubt aber, dass alles gut wird, wenn sie nur einen guten Mann findet. So sind die Dinge nun mal.

Haar zu traditionellem Knoten gebunden

Mag: Traditionen pflegen; sich um ihre Familie kümmern; wenn Mulan sich benimmt

Größte Angst: Dass Mulan keinen guten Mann heiratet

Stärken: Sie hat eine Engelsgeduld.

Großmutter Fa

Großmutter Fa will Mulan helfen, die Heiratsvermittlerin zu beeindrucken, denn sie findet Traditionen wichtig. Die eigensinnige alte Dame hat jedoch so Einiges mit ihrer quirligen Enkelin gemeinsam.

Großmutter probiert aus, ob Kriki Glück bringt.

Lange Ohren

Mag: Hübsche Jünglinge; ihre Meinung sagen; Mulan helfen

Lieblingsfarbe: Jadegrün

Überzeugung: Besondere Dinge oder Tiere dabeizuhaben, kann in kniffligen Situationen helfen.

Mulans Großmutter stimmte Fa Li zu, dass Mulan ein wenig Glück nötig hatte. Sie fand eine Glücksgrille namens Kriki und prüfte deren Kräfte, indem sie mit der Grille in der Hand eine vielbefahrene Straße mit geschlossenen Augen überquerte. Sie überstand die waghalsige Aktion ohne einen Kratzer! Trotzdem fürchtete sie, dass Kriki nicht ausreichen würde, damit Mulan die Heiratsvermittlerin beeindruckte. Also gab sie Mulan außerdem noch einen Apfel für Heiterkeit, ein Amulett gegen Herzklopfen und Jadeperlen für Schönheit.

Mulan übt noch schnell ein wenig.

Kriki

Kriki will immer wissen, was passiert, doch manchmal geht er ein wenig zu nah ran. Zum Glück wird er meistens von einem seiner Freunde gerettet – er ist wohl doch eine Glücksgrille!

Lange Fühler

Die Großmutter war zuversichtlich, dass das Glück auf ihrer Seite war, doch Kriki war sich nicht so sicher. Die Großmutter hatte die Augen geschlossen gehabt,

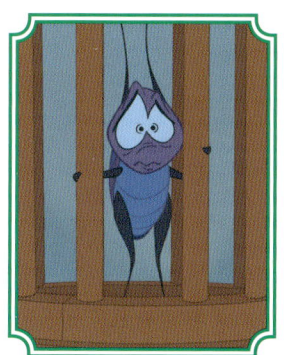

Kriki will auch helfen, aber er steckt in seinem Käfig fest.

doch Kriki hatte mit angesehen, welches Chaos sie auf der Straße verursacht hatte! Eigentlich sollte er in seinem Käfig an Mulans Kleid befestigt bleiben, doch er wollte am Puls des Geschehens sein.

Beruf: Mulans Glücksbringer – obwohl er nicht weiß, ob er tatsächlich Glück bringt!

Mag: Helfen; ein schönes Bad in einer warmen Tasse Tee nehmen

Mag nicht: Plattgetreten werden, stillhalten

Elegante Dame

Mulan gibt sich Mühe, die Heiratsvermittlerin zu beeindrucken, doch sie verstellt sich. Sie will ihren Vater nicht enttäuschen. Wie kann sie ihrer Familie Ehre bringen und sich dabei selbst treu bleiben?

Fächer aus Papier

Graziös und selbstsicher

Modische lange Ärmel

Lange Schleppe

Mulan wollte sich anstrengen, der Heiratsvermittlerin zu gefallen. Sie hatte die Anstandsregeln auswendig gelernt, Tee servieren geübt und sich ausnahmsweise wie eine feine Dame gekleidet. Die Heiratsvermittlerin würde sie noch in vielen anderen Dingen prüfen und wenn sie versagte, würde sie nie einen guten Ehemann finden. Als sie gemeinsam mit vier weiteren nervösen jungen Damen wartete, hoffte Mulan, ihre Ahnen würden sie leiten, sodass sie sich nicht blamieren würde. Leider fiel sie der Heiratsvermittlerin sogleich auf.

Die bildhübschen jungen Damen wollen die Heiratsvermittlerin beeindrucken.

Die Heiratsvermittlerin hat viel zu mäkeln.

Sie beanstandete Mulans Manieren, ihre Figur und die Tatsache, dass sie zu viel redete. Das Tee-servieren lief besser, bis Kriki in die Tasse hüpfte!

Mulan bewahrte die Heirats-vermittlerin davor, die Grille mitzutrinken, setzte dabei aber ihr Kleid in Brand. Obwohl Mulan die Flammen löschte, bezeichnete die Heiratsvermittlerin sie als „Schande".

Die Heiratsvermittlerin sagt, Mulan werde ihrer Familie niemals Ehre bringen.

Heirats-vermittlerin

Die strenge Dame mit wenig Geduld und sehr hohen Ansprüchen entscheidet über das Schicksal der Dorfmäd-chen, indem sie Hochzeiten arrangiert.

Viel Schminke

Beruf: Für geeignete Mädchen gute Hochzeiten arrangieren

Mag: Gute Manieren; respektiert werden; Pünktlichkeit

Mag nicht: Junge Damen, die unaufgefordert sprechen; Tollpatschigkeit

Shan-Yu

Shan-Yu ist ein bulliger, wilder Hunne. Der furchtlose Krieger vernichtet jeden, der sich ihm in den Weg stellt. Sein Falke ist gut im Ausspähen und ebenso grausam wie sein Herr.

Glühende gelbe Augen

Shan-Yus Falke

Während Mulan bei der Heiratsvermittlerin war, stand China vor einem viel größeren Problem: Die mächtige Große Mauer, die das Land vor Eindringlingen schützen sollte, war überwunden worden. Der Hunnenkrieger Shan-Yu und seine Armee hatten sie erklommen und die Wachen angegriffen. Niemand konnte sie aufhalten. Nun marschierten sie auf die Kaiserstadt zu und da Shan-Yus bösartiger Falke sie führte, war China in allergrößter Gefahr.

Die kaiserlichen Wachen fliehen, als die Hunnen die Große Mauer erklimmen.

Zuhause: Das Hunnenreich nördlich der Großen Mauer

Beruf: Fürchterlicher Anführer der Hunnenarmee

Ziel: Den Kaiser besiegen und ganz China erobern, egal mit welchen Mitteln!

General Li informiert den Kaiser über den Angriff.

General Li

Der kluge General Li hat schon viele Schlachten für China gekämpft und keine einzige verloren. Auch sein Sohn Li Shang wird einmal ein großer Soldat werden.

Reise-umhang

General Li war ein hochrangiges Mitglied der chinesischen Armee. Als er von Shan-Yus Angriff hörte, begab er sich in die Kaiserstadt, um den Kaiser zu warnen. Er war zuversichtlich, dass seine Männer stark genug waren, die Eindringlinge zu besiegen. Er plante, eine starke Verteidigung um den Kaiserpalast herum aufzustellen, damit Chinas Kaiser vor Angriffen sicher war.

Beruf: General der chinesischen Armee

Mag: Seine Soldaten anführen; dem Kaiser dienen; dass sein Sohn Hauptmann wird

Ziel: Shan-Yus Armee stoppen und China beschützen

Kaiser

Der weise Kaiser hat großen Respekt vor wahrem Mut. Die Bedürfnisse seines Volkes stehen bei ihm immer an erster Stelle.

Der Kaiser hörte sich General Lis Plan an, bestand aber darauf, dass die Truppen sein Volk und nicht ihn beschützen sollten. Er befahl seinem Berater Chi Fu, alle Reservesoldaten einzuberufen und in Chinas Provinzen so viele neue Rekruten wie nur möglich zu suchen. Der Kaiser wollte eine größere, stärkere Armee aufbauen, damit sein Volk vor Shan-Yu und seiner Hunnenarmee sicher war. Er glaubte, dass jeder einzelne Mann den Unterschied zwischen Sieg und Niederlage ausmachen konnte.

Langer weißer Bart

Der Kaiser weist Chi Fu an, mehr Soldaten anzuwerben.

Zuhause: Großer Palast, Kaiserstadt

Beruf: Herrscher des Kaiserreichs

Stärken: Weisheit und Mut – er fürchtet sich nicht vor Shan-Yu und wird sein Volk beschützen

Chi Fu nimmt seine
Mission ernst.

Chi Fu

Chi Fu ist stolz, die Befehle
des Kaisers auszuführen –
vielleicht ein wenig zu stolz.
Er kommandiert andere
herum und findet,
Frauen sollten still und
unterwürfig sein.

Chi Fu befolgte den Befehl des
Kaisers aufs Wort. Er reiste durch
das ganze Land und zog von jeder
Familie einen Mann in die Armee ein,
auch Mulans Vater Fa Shu. Trotz
seiner Krankheit wollte Fa Shu dem
Kaiser dienen. Mulan war traurig,
denn sie wusste, dass ihr Vater nicht
kräftig genug
war, um zu
kämpfen. Sie
bat ihre Ahnen
um Kraft und
traf dann eine
mutige Entscheidung, um ihren
Vater zu retten.

Offizielle
Notiztafel

Fa Shu folgt stolz dem
kaiserlichen Befehl.

Beruf: Kaiserliches Ratsmitglied

Mag: Sich wichtig fühlen,
andere herumscheuchen

Mag nicht: Sich mit nervigen
Soldaten abgeben; Frauen, die
in Gegenwart eines Mannes
sprechen

Mulan als Soldat

Mulan will ihren Vater beschützen. Sie denkt nicht darüber nach, wie gefährlich ihr Plan ist oder wie schwierig es sein könnte, einen Mann zu spielen.

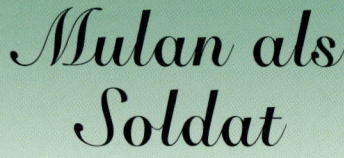

Mulan will ein mutiger Soldat werden.

Schulter-schützer

Haarknoten

Fa Shus Rüstung

Schwert eines Ahnen

Nachts stahl Mulan Schwert und Rüstung ihres Vaters. Mit dem Schwert schnitt sie sich die Haare ab, danach schlüpfte sie in die Rüstung. Sie wollte sich als Mann ausgeben und an Stelle ihres Vaters der Armee beitreten! Ihre Verkleidung war so gut, dass selbst ihr Pferd Khan sie zuerst gar nicht erkannte. Sie konnte Khan beruhigen und kurz darauf ritten die beiden los, um das Übungslager der Armee zu finden.

Bevor sie beim Lager ankamen, übte Mulan männliches Verhalten. Nachdem sie so lange versucht hatte, eine perfekte Dame zu werden, musste sie stattdessen jetzt als Mann glaubwürdig werden. Leider war das ebenso schwierig. Ihre Stimme war zu hoch und sie bewegte sich falsch – sie konnte noch nicht mal ihr Schwert richtig halten. Sie würde die Soldaten nie überzeugen können, dass sie einer von ihnen war! Auch Khan war keine große Hilfe – er schmunzelte über ihre Versuche.

Im Übungslager befinden sich Tausende Soldaten.

Khan

Khan ist ein altes Kriegspferd. Er hat mit Mulans Vater in vielen Schlachten gekämpft. Doch nun trabt er nur noch zum Dorfladen und wieder zurück.

Zügel, um Khan zu lenken

Mag: Mit Mulan reiten

Mag nicht: Eine Kuh, ein Schaf oder ähnlichen Blödsinn genannt werden

Ziel: Mulan im Krieg vor Gefahren schützen

Die Ahnen

Die Ahnen der Familie Fa wachen über die heutige Familie und helfen ihr in Zeiten der Not. Sie zanken sich aber auch oft und schaffen es nicht, sich zu einigen.

Mulans Familie ist untröstlich – sie kann es nicht ertragen, Mulan zu verlieren.

Mulans Familie entdeckte, was das Mädchen getan hatte. Doch es war zu spät, um sie aufzuhalten. Wenn Fa Shu Mulan nachlaufen und ihre Tarnung aufdecken würde, wäre ihre Familie entehrt und Mulan würde wegen Verrats getötet. Deshalb betete Großmutter Fa die Ahnen um Hilfe an und diesmal hörten sie sogar zu. Die Ahnen beschlossen, über Mulan zu wachen und ihr einen großen steinernen Drachen hinterherzuschicken.

Ältester Fa-Ahne

Aufgabe: Familie Fa in Zeiten der Not behüten

Mögen: Den Drachen Mushu ärgern

Mögen nicht: Wegen Mulans Eskapaden geweckt werden. Sie wussten schon immer, dass sie Ärger macht!

Sie schickten den kleinen roten Drachen Mushu, um den steinernen Drachen zu wecken. Versehentlich machte er ihn jedoch kaputt. Weil er sein Missgeschick nicht zugeben wollte, heftete er sich selbst an Mulans Fersen. Mit Krikis Hilfe wollte er dafür sorgen, dass sie ein Kriegsheld wurde. Doch zuerst musste er ihr helfen, unter den Soldaten nicht aufzufallen. Dank seinem Rat löste Mulan im Camp jedoch eine Schlägerei aus. Nicht gerade der beste Anfang!

Mushu

Für einen winzigen Drachen hat Mushu eine große Persönlichkeit. Er ist ein schnell sprechender Experte für alles und hat große Pläne mit Mulan.

Gong, um die Ahnen zu wecken

Mulan hält anfangs nicht viel von Mushu.

Aufgabe: Den Gong schlagen – bis er die Ahnen dazu bringen kann, ihn zu befördern

Mag: Die Ahnen beeindrucken; Mulan helfen; so tun als sei er größer

Mag nicht: Für eine Eidechse gehalten werden

Li Shang

Shang ist ein guter Soldat: stark, beweglich und konzentriert. Er will beweisen, dass er ein großer Anführer ist, genau wie sein Vater, General Li.

Stärken: Führungskraft, großer Mut

Mag: Struktur und Regeln; wenn seine Truppen sich dank seinem Training verbessern

Mag nicht: Lügner, faule Soldaten

Fragte man Mulan nach ihrem Namen, gab sie an, sie hieße Ping. General Lis Sohn, Hauptmann Li Shang, leitete das Übungslager und war nicht beeindruckt von seinen neuen Rekruten, insbesondere nicht von dem jungen Unruhestifter Ping. Shang warnte Ping und die anderen Soldaten, dass das Training sehr hart würde. Er versprach, sie die nötige Disziplin und Stärke zu lehren, um große Krieger zu werden. Doch ihm war klar, dass seine Männer noch viel lernen mussten, bevor sie es mit Shan-Yus fürchterlicher Hunnenarmee würden aufnehmen können.

Roter Umhang

Das Training ist hart.

Anfangs fiel Mulan das Training schwer. Die anderen Soldaten spielten ihr Streiche und sie konnte nicht mithalten. Selbst harte Jungs wie Yao hatten

Die Soldaten spielen Ping gerne Streiche.

Schwierigkeiten. Shang fürchtete schon, dass seine Männer nie für den Krieg bereit sein würden. Als er genug von Pings erfolglosem Bemühen hatte, beschloss er, ihn nach Hause zu schicken. Doch Mulan weigerte sich aufzugeben. Sie bewies Shang, dass sie Disziplin und Kraft hatte. Sie war so hart wie

Ping erfüllt eine überaus knifflige Mission.

jeder andere Soldat und verdiente ihren Platz in der Armee.

Yao

Yao prügelt sich zwar oft, ist aber kein Soldat. Er ist eher ein Raufbold, der Ärger sucht. Er hat ein hitziges Temperament, ist aber auch ein treuer Freund.

Rekruten-Uniform

Mag: Hart sein, streiten, seine Muskeln spielen lassen

Mag nicht: Wenn Mulan ihm in die Quere kommt

Spitzname: König der Berge – den hat er sich selbst verliehen!

Chien-Po

Dieser sanfte Riese ist stärker als die meisten anderen in Li Shangs Armee. Chien-Po ist zufrieden, solange er satt und bei seinen Freunden ist.

Ping hatte sich nicht nur vor Shang bewährt, sondern sich auch den Respekt der Soldaten verdient. Als Yao, Chien-Po und Ling aufhörten, Ping zu ärgern, wusste Shang, dass er stolz auf seine Armee sein konnte. Chi Fu hingegen glaubte, sie seien noch immer nicht bereit für den Kampf. Also beschlossen Mushu und Kriki, ihn mit einem gefälschten Brief vom General umzustimmen. Darin stand, dass er die Hilfe seiner Rekruten benötigte. Mulan würde ihre erste Schlacht kämpfen!

Liebevolle Umarmung

Mit Mushus Hilfe hat sich Kriki als Botschafter des Generals verkleidet.

Mag: Neue Freunde; Menschen mit seinem Gesang beruhigen

Mag nicht: Schwimmen; Yaos Launen

Leibspeise: Rind, Schwein, Huhn ... alles, was lecker schmeckt!

Schockierte Gesichter

Ling

Der dürre Ling hätte vor seinem Eintritt in die Armee wohl besser mehr trainiert. Er merkt nicht, dass Ping ein Mädchen ist, obwohl er neben „ihm" badet!

Als die Soldaten jedoch das Schlachtfeld erreichten, war General Li bereits besiegt. Shang und seine Rekruten waren die letzte Hoffnung des Kaisers. Leider verriet eine Explosion, die Mushu versehentlich auslöste, Shan-Yu ihre Position. Die Hunnen waren in der Überzahl und die Lage schien hoffnungslos. Geistesgegenwärtig löste Mulan eine Lawine aus, die die Hunnen unter Schnee begrub. Um ein Haar hätte die Lawine aber auch Mulan und Shang das Leben gekostet.

So viele Hunnen sind nur mit Cleverness zu besiegen.

Ahnungsloser Blick

Mag: Späße und Unfug machen; hübsche Mädchen

Mag nicht: Schlangen, zu hartes Training, lange Märsche

Lieblingsstreich: Ping einen Käfer ins Hemd stecken

Bereit zu kämpfen

Mulans Entschlossenheit hat aus dem verkleideten Mädchen einen echten Soldaten gemacht. Warum sollte es eine Rolle spielen, dass Mulan ein Mädchen ist?

Weiter Umhang

Dunkelgrüner Gürtel

Praktische Halbschuhe

Mulan hatte Shan-Yu besiegt, sich aber dabei verletzt. Als der Arzt ihre Wunden versorgte, kam ihre wahre Identität ans Licht. Wütend schickte Shang sie weg. Mulan wollte in Schande nach Hause reisen, während die Soldaten zur Kaiserstadt marschierten. Da erfuhr sie, dass Shan-Yu überlebt hatte, und eilte zu Shang, um ihn zu warnen. Der wollte ihr erst nicht glauben, doch als Shan-Yu den Kaiser gefangen nahm, hatte nur Mulan einen Plan, wie man ihn retten konnte.

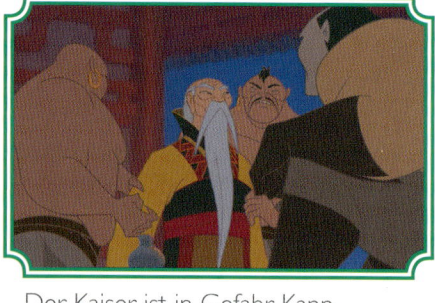

Der Kaiser ist in Gefahr. Kann Mulan einen Plan zu seiner Rettung aushecken?

Mulan, Yao, Chien-Po, Ling und Shang kletterten über die Palastmauer. Während Shang den Kaiser rettete, besiegte Mulan mit Mushus Hilfe Shan-Yu ein zweites Mal. Anstatt Mulan für

Mulan rettet sich kühn vom Palastdach.

ihre Lüge zu bestrafen, dankte der Kaiser ihr. Er bot ihr Chi Fus Stelle an, doch Mulan wollte einfach nur nach Hause. Dank dem Kaiser erkannte Shang endlich, dass Mulan nicht nur ein großartiger Soldat war, sondern auch eine ganz besondere Frau.

Besonderes Mädchen

Mulan ist froh, wieder zu Hause zu sein. Sie hat ihrer Familie Ehre gebracht, ist sich selbst treu geblieben und hat sogar einen guten Ehemann gefunden.

Bequeme, schicke Tracht

Starke Farben

Aus Mulans und Shangs Freundschaft wird Liebe.

Elegante Frisur

Diamant-kette

Seidenhand-schuhe

Küss den Frosch

Die Stadt New Orleans bot Spaß und Musik, doch Tiana musste von morgens bis abends hart arbeiten und hatte keine Zeit für Vergnügen. Durch ein mitreißendes Abenteuer und wunderbare neue Freunde erkannte sie, was im Leben wirklich zählt.

Inhalt

Kleine Tiana

Schon als Kind hat Tiana Ziele. Im Gegensatz zu ihrer Freundin Charlotte ist sie aber nicht bereit, einen Frosch zu küssen, um sie zu verwirklichen. Tatsächlich hat sie Angst vor Fröschen!

Charlotte und Tiana lassen sich gerne Märchen vorlesen.

Mini-Zopf

Mag: Sich mit Charlotte Geschichten anhören; mit ihrem Vater neue Rezepte erfinden; wenn Leute ihr leckeres Essen probieren

Lieblingsfarbe: Grün

New Orleans war eine schöne Stadt am Mississippi und berühmt für seine Küche und seine Jazzmusik. Dort lebten zwei kleine Mädchen: Tiana und Charlotte. Sie waren beste Freundinnen, führten aber ganz unterschiedliche Leben. Tiana teilte sich ein kleines, gemütliches Häuschen mit ihren fleißigen Eltern. Charlotte lebte in einer riesigen Villa und wurde von ihrem Vater verwöhnt. Die Mädchen waren auch von ganz unterschiedlichem Charakter. Tiana war praktisch veranlagt und wollte später einmal ein eigenes Restaurant eröffnen. Charlotte träumte davon, eine Prinzessin zu sein.

Schon als kleines Mädchen konnte Tiana sehr gut kochen. Sie bereitete leckeres Essen zu, das sie dann mit ihrer Familie und ihren Nachbarn teilte. Ihre Freundin Charlotte hatte Unmengen schöner Kleider, doch Tiana war nicht eifersüchtig – sie war glücklich. Ihr kleines Zuhause war von Liebe, Güte und dem Duft nach leckerem Essen erfüllt. Während also die Märchen-liebhaberin Charlotte bereit gewesen wäre, einhundert Frösche zu küssen, um Prinzessin zu werden, plante Tiana vernünftig, ihre Ziele mit Fleiß zu erreichen.

Charlotte würde für ihren Traum einen echten Frosch küssen.

Kleine Charlotte

Charlotte ist es dank ihres reichen Vaters gewohnt, dass ihr jeder Wunsch erfüllt wird. Sie glaubt an Märchen und bittet den Abendstern, dass sie wahr werden. Doch sie wartet nicht gerne darauf!

Blonde Locken

Mag: Märchen; mit ihren kuschligen Haustieren spielen; Geschenke; von der großen Liebe Träumen

Lieblingskleidung: Alles, in dem sie wie eine hübsche Prinzessin aussieht!

Prinzessinnen-kleid

Eudora

Eudora ist stolz auf ihren fleißigen Ehemann und ihre kluge Tochter. Sie sind zwar keine reiche Familie, dafür aber glücklich. Mehr braucht Eudora nicht.

Gütiger Blick

Tianas Mutter Eudora war die beste Schneiderin von New Orleans. Mit ihren geschickten Händen hatte sie Charlotte fabelhafte Kleider genäht, die einer Prinzessin würdig gewesen wären. Das Mädchen war ihre beste Kundin! Oft las Eudora den Freundinnen Märchen vor, während sie nähte. Sie arbeitete fleißig, um so zu leben, wie sie es sich wünschte, doch sie fand, dass es Wichtigeres als Arbeit gab. Liebe und Zufriedenheit bedeuteten Eudora viel mehr.

Charlotte liebt ihre hübschen Kleider.

Eudora ist eine tolle Erzählerin.

Beruf: Die beste Näherin der Stadt

Mag: Kleider nähen, Zeit mit ihrer Familie verbringen, Geschichten erzählen

Mag nicht: Wenn Tiana zu viel arbeitet

Eine Prise Gewürze macht den Eintopf zu etwas Besonderem.

James

James glaubt an harte Arbeit und will, dass seine Tochter so fleißig ist wie er. Er weiß, dass einem nichts in den Schoß fällt. Tiana muss ihre Träume selbst verwirklichen.

Braune Hosenträger

Ihr Talent am Herd hatte Tiana von ihrem Vater James geerbt. Er war davon überzeugt, dass gutes Essen Menschen zusammenbringen und glücklich machen konnte. Er zeigte Tiana ein ganz besonderes Gericht – einen Eintopf namens Gumbo – und erzählte ihr von seinem Plan, ein Restaurant zu eröffnen. Er hatte eine alte Zuckermühle gefunden, die sehr gut als Restaurant geeignet wäre, und einen Namen hatte er auch schon: Tianas Place. Doch James starb, und Tiana beschloss, seinen Traum zu verwirklichen.

Mag: Mit Tiana kochen, mit den Nachbarn essen

Leibspeise: Gumbo

Überzeugung: Vergiss nie, was wirklich zählt: Familie, Freundschaft und Liebe!

Fleißiges Lieschen

Tiana will, dass der Traum ihres Vaters wahr wird, und denkt daher nur an die Arbeit. Für Spaß bleibt ihr keine Zeit. Sie hat noch nicht einmal tanzen gelernt!

Die junge Tiana arbeitete fleißig, um genug Geld für ein eigenes Restaurant zu verdienen. Sie hatte zwei Jobs: Abends kellnerte sie in einem Schnellrestaurant, tagsüber servierte sie Kaffee und frittierte Kaffeestückchen, Beignets genannt, in einem Café. Da blieb keine Zeit, um mit Freundinnen tanzen zu gehen, doch das störte Tiana nicht. So hatte sie schon fast genug Geld gespart, um die Zuckermühle zu kaufen.

Tiana spart all ihren Lohn und das Trinkgeld.

Frische Beignets

Beruf: Kellnerin

Traum: Ihr eigenes Restaurant eröffnen: Tianas Place

Mag: Kochen, ihr eigenes Geld verdienen

Mag nicht: Faulenzer

Die Kunden lieben die heitere Tiana und knausern nicht mit dem Trinkgeld.

Tiana backt die besten Beignets mit Puderzucker!

Eli „Big Daddy" LaBouff

Eli LaBouff ist ein mächtiger Geschäftsmann. Doch Charlotte wickelt ihn um ihren Finger. Wenn es um seine Tochter geht, kann Big Daddy einfach nicht Nein sagen.

Charlottes Vater Eli „Big Daddy" LaBouff war einer von Tianas besten Kunden. Er konnte nicht genug kriegen von ihren köstlichen Beignets und war reich genug, sich so viele zu leisten, wie er vertilgen konnte. Big Daddy war nämlich einer der wohlhabendsten Männer in ganz New Orleans. Er himmelte seine Tochter an und war gerade im fünften Jahr in Folge zum König der Mardi-Gras-Parade gewählt worden.

Schnauzbart

Beruf: Zuckerbaron

Mag: Charlotte glücklich machen; Tianas köstliches Essen

Mag nicht: Wenn Charlotte ihn schon wieder unterbricht!

Erwachsene Charlotte

Charlotte ist so darauf bedacht, eine Prinzessin zu werden, dass sie alle anderen vergisst. Sie merkt nicht einmal, dass Tiana sich endlich ihr Restaurant kauft.

Schicke Frisur mit Tiara

Charlotte war mittlerweile erwachsen, doch sie hegte noch immer den gleichen Traum: Prinzessin sein. Als sie hörte, dass ein Prinz New Orleans besuchte, wollte sie ihn nicht entwischen lassen. Natürlich regelte ihr Vater alles und lud den Prinzen zu einem Maskenball in seine Villa ein. Charlotte war davon überzeugt, dass er sich in sie verlieben würde. Um ganz sicherzugehen, bat sie Tiana aber, einige ihrer vorzüglichen Beignets zum Ball zu bringen.

Charlotte bestellt für den Ball Beignets von Tiana.

Mag: Romantik; tanzen; schöne Kleider; tratschen

Mag nicht: Warten müssen

Traum: Einen hübschen Prinzen heiraten und Prinzessin werden

Tiana weiß: Die alte Zuckermühle gäbe ein perfektes Restaurant ab.

Gebrüder Fenner

Henry und Harvey Fenner sind die führenden Makler von New Orleans. Sie machen riesige Gewinne, indem sie Gebäude an den höchsten Bieter verkaufen.

Edler Zylinder

Charlotte zahlte eine stolze Summe für die Beignets. So konnte Tiana endlich die Anzahlung für das Restaurant leisten. Mit den Maklern, den Gebrüdern Fenner, verabredete sie, die Verträge für die Zuckermühle beim Ball zu unterzeichnen. Tiana war glücklich, dass sich die harte Arbeit gelohnt hatte. Ihre Mutter war sehr stolz auf sie und wusste: Ihr Vater wäre es auch gewesen.

Tiana kann sich immer auf Eudora verlassen.

Beruf: Immobilienmakler

Mögen: Geschäfte machen, Gebäude verkaufen

Mögen nicht: Auf ihr Geld warten müssen – je schneller sie Bares sehen, desto so besser

Prinz Naveen

Der lebensfrohe, offenherzige Prinz Naveen nimmt das Leben nicht allzu ernst. Er musste noch nie etwas selbst machen – dafür hat man schließlich Diener!

Der schöne Prinz Naveen glaubt, dass er jedes Mädchen haben kann.

Die Menschen von New Orleans waren vor der Ankunft von Prinz Naveen aus Maldonia ganz aufgeregt. Von dem wahren Grund für seinen Besuch ahnten sie nichts. Naveen liebte Jazzmusik, tanzen und schöne Frauen – Arbeit hingegen kein bisschen! Doch seine Eltern hatten ihm den Geldhahn zugedreht. Statt Arbeit wollte Naveen in New Orleans lieber eine reiche Braut finden.

Ukulele für mitreißende Musik

Zuhause: Marmorpalast in Maldonia

Mag: Jazzmusik; tanzen; reisen; Frauen Liebeslieder vorsingen

Mag nicht: Harte Arbeit; Verantwortung

Der Kammerdiener Lawrence kümmerte sich um den Prinzen. Er sorgte dafür, dass der Prinz elegant aussah und sich prinzenhaft und anständig verhielt. Das war keine leichte Aufgabe! Lawrence musste ständig die Koffer des Prinzen schleppen oder ihn aus Schwierigkeiten befreien. Der Prinz indes lachte nur und amüsierte sich. Lawrence hatte genug davon, dass er für seine harte Arbeit nicht belohnt wurde. Das musste sich ändern!

Lawrence hasst Naveens verantwortungslose Einstellung.

Lawrence

Lawrence würde lieber Befehle erteilen als welche auszuführen. Er sehnt sich verzweifelt nach Respekt und würde alles dafür tun ... selbst wenn er sich dafür auf Schwarze Magie einlassen müsste.

Elegantes Jackett

Beruf: Kammerdiener

Zuhause: Wo immer Prinz Naveen ist – Lawrence hat keine Wahl.

Mag nicht: Von Prinzen herumgescheucht werden

Dr. Facilier

Dr. Facilier ist jedes Mittel recht, um reich und mächtig zu werden, auch Schwarze Magie. Sie ist jedoch überaus gefährlich. Dr. Facilier könnte echte Probleme kriegen, sollte sein Plan scheitern.

In der Nähe lauerte ein fieser Voodoo-Zauberer: Dr. Facilier. Er neidete Big Daddy und Charlotte ihr Geld und wollte es für sich selbst. Als Prinz Naveen und Lawrence ankamen, bot sich ihm die perfekte Gelegenheit, das Vermögen in seine knochigen Finger zu kriegen. Er bot an, dem Prinzen die Zukunft vorherzusagen, verwandelte ihn aber stattdessen in einen Frosch. Lawrence gab er ein Zauber-Amulett, das ihn in den Prinzen verwandelte.

Totenkopf und Knochen

Magische Tarotkarte

Dr. Facilier fesselt Naveen mit Schwarzer Magie.

Beruf: Die Zukunft vorhersagen und Wünsche erfüllen – aber nicht umsonst

Ziel: LaBouffs Vermögen einstreichen, über New Orleans herrschen

Fähigkeiten: Schwarze Magie

Lawrence geht in Gestalt des Prinzen auf den Ball.

Bereit für den Ball

Tiana glaubte, dass man durch Fleiß seine Ziele erreicht. Nun ist sie nicht mehr so sicher. Ihr Traum vom Restaurant war zum Greifen nah, doch nun scheint er in weite Ferne gerückt. Was soll sie nur tun?

Tiara – wie eine echte Prinzessin

Glitzernde Silberkette

Lange Handschuhe

Abends beim Ball war Charlotte begeistert, als ihr Prinz endlich eintraf und mit ihr tanzen wollte. Tiana freute sich für ihre Freundin, doch ihr eigener Traum sollte kurz darauf zerplatzen: Die Gebrüder Fenner hatten ein höheres Angebot für die Zuckermühle erhalten. Wo sollte Tiana nur mehr Geld auftreiben? Sie war untröstlich und zerriss versehentlich ihr Kleid. Daher lieh Charlotte ihr eins ihrer Ballkleider. Tiana sah aus wie eine Prinzessin, aber sie war so traurig, dass ihr das egal war.

Tiana wünscht sich vom Abendstern, dass ihr Traum wahr wird.

Der Froschprinz

Naveen ist alles andere als begeistert von seiner Verwandlung. Ständig stolpert er über seine großen Füße und wird von hungrigen Alligatoren gejagt.

Ein unerwarteter Gast trifft beim Ball ein.

Reizendes Lächeln

Streifen

Charlotte glaubte, dass der Abendstern Wünsche erfüllen konnte. Also beschloss Tiana verzweifelt, sich an ihn zu wenden – da tauchte ein Frosch auf! Sie traute ihren Augen nicht, und als sie aus Spaß anbot, ihn zu küssen, glaubte sie auch, nicht recht zu hören: Das Tier antwortete ihr! Im ersten Moment wollte Tiana das schleimige Wesen zerquetschen, doch dann beschloss

Tiana will den plappernden Frosch mit einem Buch zerquetschen.

sie, ihm zuzuhören. Er sagte, er sei Prinz Naveen, und ein Kuss von einer „Prinzessin" wie ihr könne den Fluch brechen.

Tiana als Frosch

Tiana glaubt, es könne nicht schlimmer kommen, doch dann wird sie in einen glitschigen grünen Frosch verwandelt und wird Naveen nicht mehr los. Das witzelnde Großmaul nervt!

Tiana hat keine Lust, einen Frosch zu küssen. Doch für ihr Restaurant würde sie alles tun.

Widerwillig war Tiana einverstanden – im Tausch gegen das nötige Geld für ihr Restaurant. Leider ging der Plan nicht auf, denn auch sie selbst verwandelte sich in einen Frosch. Als unerwünschte Gäste beim Maskenball konnten Naveen und Tiana mithilfe eines Ballons entkommen. Beim Flug in Richtung des sumpfigen Bayou lernte sich das Froschpaar besser kennen. Die beiden waren voneinander nicht beeindruckt – Tiana hielt den Prinzen für verwöhnt und faul und Naveen war verärgert, dass Tiana keine echte Prinzessin war.

Entsetzter Blick

Schwimmhäute

Grüne Haut

Louis

Der sanfte Riese aus den Sümpfen von Louisiana liebt seine Trompete Giselle und träumt von einer Jazzband. Doch bei seinem letzten Vorspiel hat er die Musiker zu Tode erschreckt.

Louis braucht jemanden zum Jammen und Naveen ist der perfekte Begleiter!

Jazz-
trompete

Spitze
Krokodilszähne

Traum: Ein virtuoser Jazzmusiker sein

Mag: Gutes Essen; Jazz-Klassiker spielen

Mag nicht: Jäger, versehentlich Leute erschrecken

Um nach New Orleans zurückzukehren und ihre Probleme zu lösen, baute Tiana ein Floß. Während die findige Kellnerin paddelte, lehnte sich der verwöhnte Prinz zurück und klimperte auf seiner Ukulele. Plötzlich tauchte ein riesiger Alligator auf! Doch anstatt die Frösche zu verschlingen, musizierte er munter mit Naveen. Er hieß Louis. Nach einigem Überreden erklärte er sich schließlich einverstanden, die Frösche zu jemandem zu führen, der den Zauber brechen könnte.

Während ihrer Reise durch den Bayou lernten Tiana und Naveen das freundliche Glühwürmchen Ray kennen. Es wies sie darauf hin, dass Louis sie in die falsche Richtung führte, und bot an, ihnen mit seiner Familie den Weg zu erleuchten. Denn es lauerten viele Gefahren, von hungrigen Froschfressern bis hin zu gruseligen Schatten, die Dr. Facilier sandte. Als sie lernten zusammenzuhalten, merkten Tiana und Naveen, dass sie sich vielleicht im jeweils anderen getäuscht hatten ...

Naveen bringt Tiana das Tanzen bei.

Ray

Der romantische Ray ist ein Glühwürmchen mit großem Herz. Er ist bis über beide Fühler in Evangeline verliebt. Was Ray nicht weiß: Sie ist kein Glühwürmchen, sondern der Abendstern. Er glaubt, sie sei bloß schüchtern.

Leuchtkörper

Traum: Bei seiner geliebten Evangeline sein

Mag: Romantik; Leuten helfen; seine Glühwürmchen-Familie

Fähigkeiten: Unruhestiftern saust er einfach in die Nase!

Mama Odie

Sie mag 197 Jahre alt, zahnlos und blind sein, doch Mama Odie ist auch weise und mächtig. Ihre Schlange Juju hilft ihr beim Zaubern und sorgt dafür, dass sie nicht in den Gumbo-Topf fällt.

Hilfsbereite Schlange

Mama Odie lebt in einem Kutter im Baum.

Beruf: Königin des Bayou

Mag: Gumbo; anderen mit ihren Zaubertränken helfen; das zu bekommen, was sie wirklich brauchen

Schließlich kamen sie zu einer seltsamen Alten namens Mama Odie. Sie wies sie an, den Unterschied zwischen dem, was sie wollten, und dem, was sie brauchten, herauszufinden. Sie sagte, wenn Charlotte, die Mardi-Gras-Prinzessin, Naveen vor Mitternacht küssen würde, wäre sein Zauber gebrochen. Doch der wollte Charlotte nicht küssen – er hatte sich in Tiana verliebt. Er wusste jedoch, dass Tiana anders nie ihr Restaurant bekommen würde, und so beschloss er, seine Gefühle für sich zu behalten.

Wieder in New Orleans, wurde Naveen von Dr. Facilier geschnappt, ohne dass Tiana es bemerkte. Kurz danach sah sie, wie „Prinz Naveen" Charlotte einen Heiratsantrag machte. Sie dachte, der Zauber wäre gebrochen, doch in Wahrheit war es der verwandelte Lawrence, den sie sah. Der clevere Ray verstand, was geschehen war. Er stahl Lawrence's Zauber-Amulett und gab es Tiana. Dr. Facilier bot Tiana im Austausch dafür ihr Restaurant. Die lehnte jedoch ab und zerbrach das Amulett, sodass es seine Zauberkraft verlor. Lawrence war wieder er selbst und Dr. Facilier war besiegt.

Tiana zerstört das Amulett.

Verlockung

Dr. Facilier zeigt Tiana eine Vision der Zukunft, wenn sie sich auf ihn einlässt: Sie ist wieder menschlich und besitzt ein elegantes Restaurant. Davon hat sie so lange geträumt – doch nun hat sie einen neuen Traum.

Zauber-Amulett

Perlen-kette

Tiana verliebt

Endlich versteht Tiana, was Mama Odie gemeint hat. Sie kennt jetzt den Unterschied zwischen wollen und brauchen. Tiana will zwar ein Restaurant, aber sie braucht Naveen.

Blüten-krone

Seerosenblüten für das Kleid

Sattgrüne Seerosenblätter

Naveen erklärte Charlotte den ganzen Schlamassel und bot ihr an, sie zu heiraten, wenn sie den Zauber brechen und Tiana ermöglichen würde, das Restaurant zu kaufen. Doch das wollte Tiana nicht zulassen. Sie sagte Naveen, dass sie ihn liebte, und auch er gestand ihr seine Liebe. Weil Charlotte erkannte, dass die wahre Liebe die beiden verband, küsste sie Naveen, ohne eine Gegenleistung

Sie sind zwar Frösche, aber sie spüren wahre Liebe!

dafür zu erwarten. Doch leider klappte die Verwandlung so nicht und Naveen und Tiana blieben Frösche. Sie kehrten zum Bayou zurück und ließen sich von Mama Odie trauen. Doch als sie sich den Hochzeitskuss gaben, wurden sie wieder zu Menschen.

Durch die Hochzeit wurde Tiana eine Prinzessin und konnte den Zauber brechen. Das glückliche Paar kehrte nach New Orleans zurück und feierte ein königliches Fest mit Freunden und Familie. Danach machten sich Tiana und Naveen an die Arbeit, die alte Zuckermühle zu restaurieren. Wenig später eröffnete Tiana ihr eigenes Restaurant und nannte es Tianas Palast! Dank ihren Kochkünsten und Naveens Jazzmusik wurde es ein Riesenerfolg. Arme wie reiche Menschen kamen, um Tianas Köstlichkeiten zu probieren, genau wie ihr Vater es sich erträumt hatte.

Ein Traum wird wahr

Tianas Vater wäre stolz auf sie. Endlich besitzt sie ein Restaurant. Doch sie hat auch gelernt, was wirklich zählt: die Liebe.

Echte Krone

Modisches Kleid

Tianas Palast bei der Eröffnungsfeier

Korsett mit
rosa Riemen

Kleid selbst
genäht

Über 20 m
langes Haar

Rapunzel – Neu verföhnt

Hoch oben in einem Turm wurde ein Mädchen mit langem Haar vor der Außenwelt verborgen. Als ein flüchtiger Dieb versuchte, sich in ihrem Zuhause zu verstecken, entdeckte sie, was das Leben alles zu bieten hatte – und sie erfuhr die Wahrheit über ihre Herkunft.

Inhalt

Mutter Gothel

Mutter Gothel ist besessen von ihrem Aussehen und zu allem bereit, um nicht zu altern. Für sie zählt nur das Äußere. Im Herzen ist sie gemein und gerissen.

Wallendes rotes Kleid

Als ein Tropfen Sonnenlicht auf die Erde fiel, wuchs daraus die goldene Blume der Sonne. Ihre Blüte hatte die Kraft, Menschen zu heilen und jung zu halten, wenn sie ein bestimmtes Lied sangen. Das alte Weib Gothel entdeckte die Blume. Doch es nutzte ihre Zauberkraft selbstsüchtig, um ewig jung zu bleiben. Jahrhundertelang bewachte Gothel die Blume, damit niemand sonst sie fand.

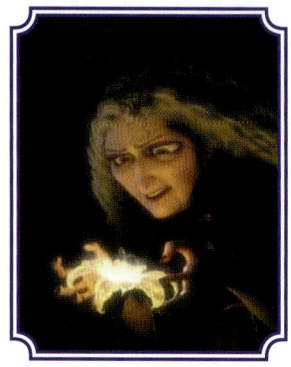

Ein Lied weckt die Zauberkraft der Blume und bringt sie zum Leuchten.

Traum: Immer jung und schön bleiben

Mag: Rapunzels Haar; sich im Spiegel betrachten; voll und ganz faltenfrei sein

Mag nicht: Ungehorsam, älter werden

Gothel lebte am Rande eines Reiches, das von einem weisen König und einer gütigen Königin regiert wurde. Die Königin erwartete ein Kind. Leider wurde sie so krank, dass nur die Zauberblume sie retten konnte. Nach langer Suche fanden ihre Diener sie schließlich. Und tatsächlich wurde die Königin geheilt und gebar ein gesundes Baby mit goldenem Haar: Rapunzel. Zur Feier ihrer Geburt ließ das Königspaar eine Laterne aufsteigen.

Das Königspaar

Der König und die Königin sind beliebte Herrscher und liebende Eltern. Sie sind voller Stolz und können es kaum erwarten, ihr Baby aufwachsen zu sehen. Eines Tages wird Rapunzel über das Reich herrschen.

Feiner Schmuck

Die Laterne steigt in den Himmel auf.

Beruf: König und Königin ihres Reiches

Zuhause: Ein prächtiges Schloss

Mögen: Ihre treuen Untertanen, mit ihrer Tochter spielen, Feste feiern

Rapunzel

Nach beinahe achtzehn Jahren im Turm ist nicht nur Rapunzel gewachsen, sondern auch ihr Haar! Das neugierige Mädchen sehnt sich nach Abenteuer und der Außenwelt!

Echtes langes goldenes Haar

Ohne die Blume brauchte Mutter Gothel ein neues Mittel, um jung zu bleiben. Sie fand heraus, dass die magischen Kräfte der Blume in Rapunzels Haar übergegangen waren. Also entführte sie das Baby und versteckte es in einem hohen Turm im Wald. Sie zog Rapunzel als ihre eigene

Mutter Gothel lässt sich an Rapunzels Haar in den Turm ziehen.

Tochter auf und erzählte dem gutgläubigen Kind Schauergeschichten über die Welt, damit Rapunzel zu verängstigt war, um sie je kennenlernen zu wollen.

Rapunzel darf ihr magisches Haar nicht schneiden.

Traum: Die schwebenden Lichter an ihrem Geburtstag sehen

Mag: Malen, lesen, tanzen … alles, was die Zeit vertreibt

Geheimwaffe: Bratpfanne – damit schlägt sie jeden Eindringling k.o.!

Rapunzel bemalt gerne die Wände ihres Turms.

Pascal

Der stumme Pascal passt auf Rapunzel auf und folgt ihr auf Schritt und Tritt. Er sitzt oft auf ihrer Schulter oder ihrem Kopf. Pascal will draußen mit Rapunzel spielen, doch sie traut sich nicht!

Große Augen

Waldgrüne Schuppen

Rapunzel versuchte, ihre Tage mit möglichst vielen Aktivitäten zu füllen. Einzig das Chamäleon Pascal leistete ihr Gesellschaft. Doch je älter sie wurde, desto mehr sehnte sie sich nach der Welt außerhalb des Turms. Eines Tages nahm Rapunzel den Mut zusammen, Gothel um einen Ausflug zu bitten. Sie wollte die Laternen aus der Nähe sehen, die alljährlich an ihrem Geburtstag durch den Nachthimmel schwebten. Aber die gemeine Gothel erlaubte es ihr nicht – sie wollte Rapunzel und ihr Zauberhaar ganz für sich allein.

Mag: Rapunzel helfen; Verstecken spielen

Mag nicht: Ein Frosch genannt werden; Langeweile; Fremde

Fähigkeiten: Die Farbe wechseln und sich der Umgebung anpassen

Flynn Rider

Flynn Rider hält sich für einen charmanten Banditen. Doch im Herzen ist er der freundliche Waisenjunge Eugene Fitzherbert. Für die, die er liebt, würde er alles tun.

Rapunzel erschien ihr Turm wie ein Gefängnis, dem charmanten Schurken Flynn Rider hingegen wie das perfekte Versteck. Flynn hatte mit zwei furchterregenden Dieben, den Stabbington-Brüdern, eine wertvolle Krone aus dem Königspalast gestohlen. Doch auf der Flucht setzte er sich von den Brüdern ab und behielt die Krone für sich. Nun waren ihm nicht nur die Palastwachen, sondern auch zwei wütende Ganoven auf den Fersen. Flynn war auch vorher schon mit dem Gesetz in Konflikt geraten. Doch diesmal steckte er wirklich in der Patsche.

Die Brüder Stabbington wollen Flynn loswerden, doch er trickst sie aus und entkommt.

Dem eitlen Flynn gefällt seine Nase auf dem Plakat nicht.

Tasche für Diebesgut

Traum: Ein eigenes Schloss

Mag nicht: Fahndungsplakate – er ist nie gut getroffen!

Lieblingsbuch: *Die Geschichte von Flynnigan Rider,* wegen der er seinen Namen änderte

Als Flynn Rapunzels Turm entdeckte, kletterte er geschwind hinauf. Er wollte nur kurz untertauchen, bis seine Feinde nicht mehr nach ihm suchten. Doch Rapunzel zog ihrem Besucher eins mit der Bratpfanne über! Anstatt Gothel von Flynn zu erzählen, versteckte Rapunzel ihn im Kleiderschrank und sorgte dafür, dass Gothel ein paar Tage lang Einkäufe erledigen würde. Dann fesselte Rapunzel Flynn mit ihrem Haar und bot ihm ein Geschäft an. Sie würde ihm die Krone wiedergeben, wenn er sie zu den Laternen führte.

Zum ersten Mal zeigt Flynns Charme keine Wirkung.

Brüder Stabbington

Die Brüder Stabbington sind gemeine, brutale Rohlinge. Sie wollen Flynn spüren lassen, dass er sie nicht hätte austricksen sollen.

Lederjacke

Beruf: Sie haben keinen – sie klauen Geld lieber, als dafür zu arbeiten.

Mögen: Schätze, schmutzige Pläne, Rache

Mögen nicht: Flynn Rider; von Wachen gejagt werden

Hakenhand

Hakenhand versteht, dass Rapunzel ihre Träume verwirklichen will. Er wollte immer Konzertpianist sein. Jedoch hält er nicht viel von Flynns eigennützigem Traum von Reichtum!

Gleich tritt Rapunzel zum allerersten Mal auf Gras!

Gruseliger Haken

Traum: Ein berühmter Pianist mit eigener Bühne sein

Lieblingskomponist: Mozart

Mag: Klavier spielen; fröhliche Lieder singen; Leuten helfen, ihre Träume zu verwirklichen

Flynn ließ sich auf Rapunzels Plan ein, hoffte aber insgeheim, sie davon zu überzeugen, zum Turm zurückzukehren. Fast hätte sie ihm nachgegeben – die Welt war wunderbar, doch auch furchteinflößend, und sie hasste es, Gothel anzulügen. Jedoch fühlte Rapunzel sich zum ersten Mal im Leben frei, und das wollte sie nicht wieder aufgeben. Also zeigte Flynn ihr bei einem Besuch in der Kneipe „Zum Quietscheentchen", wie fürchterlich die Welt wirklich war.

Rapunzel hält
die Bratpfanne
immer bereit.

Zinken

Zinken will sich verlieben.
Er weiß, dass er nicht besonders
gut aussieht – oder riecht –,
doch er hofft, eines Tages
jemandem zu gefallen.
Zinken betont, dass er viel
sanfter ist, als er aussieht.

Die Männer in der Kneipe um
Hakenhand und Zinken sahen
unheimlich aus. Doch als Rapunzel
sie näher kennenlernte, merkte
sie, dass sie alle Träume hatten wie
sie selbst. Als die Palastwachen
auftauchten, halfen die Männer
ihrer neuen Freundin bei der
Flucht. Doch auch Gothel hatte
sie aufgespürt und einen Plan
ausgeheckt, um sie für immer in
den Turm zurückzuholen.

Große
Narbe

Die Ganovenbande
ist von Rapunzel
verzaubert.

Traum: Eine treusorgende
Frau finden, die ihn liebt, trotz
seiner Narben, schlechten Haut,
Riesennase ... und all den
anderen Makeln!

Mag: Romantik; Ruderboote;
Mädchen Blumen schenken

Hauptmann der Palastwachen

Der Hauptmann hat den Ruf als beste Wache im Regiment. Er ist stolz darauf, die Gesuchten stets zu schnappen. Flynn Rider darf ihn nicht wie einen Narren aussehen lassen!

Robuster Metallhelm

Mag: Recht und Ordnung, Verbrecher jagen und fangen

Mag nicht: Entflohene Gefangene; ausgetrickst werden

Verbündeter: Maximus – sein treuer Gaul hat ihn noch nie im Stich gelassen!

Der Hauptmann der Palastwachen hatte die Brüder Stabbington schon geschnappt, doch Flynn Rider erwies sich als größeres Problem. Zuerst hatte er ihn auf dem Weg zum Turm verloren und nun war er aus dem „Quietsche-entchen" entwischt. Zum Glück war Maximus, das treue Pferd des Haupt-manns, dem

Der Hauptmann und sein Pferd scheitern nicht gerne.

Rüpel auf den Fersen und sie folgten Flynn und Rapunzel zu einem Damm. Bei der Jagd zerstörte Maximus den Damm, sodass sich ein Schwall Wasser in die Landschaft ergoss. Rapunzel und Flynn versuchten, sich in eine Höhle zu retten, doch sie entpuppte sich als Sackgasse. Sie saßen in der Falle!

Rapunzels Zauberhaar leuchtet unter Wasser.

Maximus

Maximus ist ein schnelles, kräftiges Pferd mit exzellentem Spürsinn. Der Menschenkenner himmelt Rapunzel an, Flynn hingegen traut er nicht unbedingt über den Weg.

Mit ihrem Haar leuchtete Rapunzel den Weg aus der Höhle und heilte Flynns verletzte Hand. Endlich verstand Flynn, dass Rapunzels Haar Zauberkräfte besaß. Er versuchte sein Bestes, um nicht überrascht zu schauen! Während Flynn und Rapunzel sich besser kennen lernten, spürte Maximus sie auf und wollte Flynn schnappen. Die süße Rapunzel jedoch überredete ihn, Flynn gehen zu lassen. So kurz vor ihrem Ziel würde nichts sie aufhalten.

Spürnase, um Ganoven zu erschnüffeln

Rapunzel kann Maximus überreden, Flynn gehen zu lassen ... fürs Erste.

Leibspeise: Frische, knackige Äpfel

Mag: Die anderen Pferde anführen; Flynn jagen

Mag nicht: Ausgetrickst werden; nervtötende Verbrecher entkommen lassen

Vier kleine Mädchen

Diese kleinen Mädchen flechten sich gerne die Haare und probieren neue Frisuren aus. Sie können nicht fassen, wie lang und glänzend Rapunzels Haar ist und flechten ihr einen hübschen Zopf.

Rapunzel kann nicht glauben, dass sie im Königreich ist!

Flecht-experten

Hobbys: Wunderschöne Frisuren erschaffen – je länger die Haare, desto besser!

Mögen: Haare flechten; Blumen; hüpfen; am Brunnen spielen; süße Tiere (wie Pascal!)

Endlich erreichte Rapunzel das Königreich. Es war sogar noch schöner, als sie es sich erträumt hatte! Als Rapunzel jedoch durch die Menge lief, verfing sich ihr Haar. Zum Glück fand Flynn eine Lösung: vier Mädchen mit einer Leidenschaft fürs Flechten. Schon bald hatte Rapunzel eine neue Frisur. Nun konnte sie unbeschwert Spaß haben und die Stadt erkunden. Irgend-

Die Mädchen können prima flechten.

wie kam ihr alles seltsam bekannt vor, besonders die Geschichte von der verlorenen Prinzessin.

Kurze Zeit später sollten die Laternen steigen gelassen werden. Flynn wusste, wie wichtig dieser Tag für Rapunzel war, und wählte den perfekten Ort für das atemberaubende Spektakel. Rapunzel und Flynn waren hin und weg von dem wunderschönen Anblick und sahen sich auch gegenseitig in einem neuen Licht. Leider ruinierten

Das Paar ist von leuchtenden Laternen umgeben.

Gothel und die Stabbingtons den romantischen Moment. Die Brüder entführten Flynn, doch Gothel log Rapunzel an, er habe sie verlassen. Rapunzel war so traurig, dass sie sich bereit erklärte, nach Hause zu gehen. Sie glaubte, dass Gothel doch recht gehabt hatte, was die Welt außerhalb des Turms anging.

Beim Erkunden

Endlich ist Rapunzel frei zu tun, was sie will. Sie ist so glücklich, dass sie vor Freude singt und tanzt. Es scheint, als habe ihr Leben endlich wirklich begonnen.

Blüten zur Verzierung

Alte Gothel

Gothel würde alles tun, um Rapunzels Haar zu schützen. Sie weiß: Wird es abgeschnitten, verliert es seine Zauberkraft. Gothel würde sofort zu der alten Schachtel werden, die sie wirklich ist.

Fahle alte Haut

Zurück im Turm wurde Rapunzel klar, warum sich alles im Königreich so vertraut angefühlt hatte – sie selbst war die verlorene Prinzessin! Gothel hatte sie aus Habsucht die ganze Zeit angelogen. Flynn war indessen von der Palast-

Rapunzel will nicht, dass Gothel ihr Zauberhaar je wieder anfasst.

wache gefangen und eingesperrt worden. Im Gefängnis hatte er Zeit zum Nachdenken und erkannte, dass er in Rapunzel verliebt war. Zum Glück holte Maximus die Männer aus der Kneipe, um Flynn beim Ausbrechen zu helfen. Der lief schnurstracks zu Rapunzel, um sie zu retten.

Als Flynn den Turm erreichte, stach Gothel ihn nieder. Rapunzel versuchte, ihn zu heilen, doch stattdessen schnitt er ihr das Haar ab, um sie von Gothel zu befreien. Im Glauben, Flynn ohne ihr Haar nicht retten zu können, weinte Rapunzel und sang ihr Lied. Eine Träne kullerte auf sein Gesicht und ließ ihn gesund werden! Endlich konnte Rapunzel zu ihren echten

Mit einer Scherbe schneidet Flynn Rapunzels Haar ab, damit es seinen Zauber verliert.

Eltern zurückkehren – und ihnen gleich jemand Besonderes vorstellen.

Prinzessin Rapunzel

Rapunzel glaubte, dass nur ihre Haare magisch waren. Nun weiß sie, dass die Zauberkraft in ihr steckt. Sie will ihre Gabe mit möglichst vielen Menschen teilen. Gothel ist sie los!

Naturhaar-farbe: Braun

Kurzes Zottelhaar

Endlich ist Rapunzel zu Hause.

Frisch gespitzte Pfeile

Geliebter Bogen

Leder-gürtel

Merida –
Legende der Highlands

Die wilde Prinzessin Merida zog einen gut geschossenen Pfeil einem elegant gekleideten Verehrer vor. Ihr Wunsch nach Freiheit brachte Chaos über das Königreich und ihre Familie. Sie würde all ihren Mut brauchen, um die Dinge in Ordnung zu bringen und ihr Schicksal zu verändern.

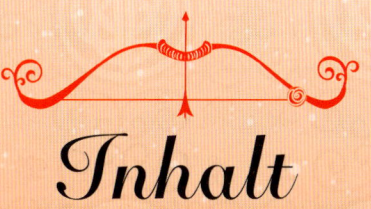

Inhalt

Kleine Merida

Die kleine Prinzessin ist ein unbefangenes, abenteuerlustiges Kind. Sie erkundet gerne die wilde, aber schöne Landschaft rund um ihr Zuhause, DunBroch Castle. Der Rotschopf mag klein sein, doch er ist sehr mutig.

Knallroter Wuschelkopf

Mit ihrem Vater als Lehrer wird Merida eine prima Bogenschützin.

Zuhause: Eine große Burg im Königreich DunBroch

Mag: Pfeile schießen; im Wald spielen; Zeit mit ihren Eltern verbringen

Lieblingsspiel: Verstecken

Vor vielen, vielen Jahren lebte in den Highlands von Schottland eine Prinzessin namens Merida. Die Highlands mit ihren grünen Tälern und glitzernden Seen waren ein zauberhafter Ort zum Aufwachsen. Merida verbrachte viele glückliche Tage beim Spielen mit ihrer Mutter und Bogenschießen mit ihrem Vater. Es gab immer Neues zu entdecken. Eines Tages stieß Merida auf geheimnisvolle Irrlichter. Ihre Mutter erklärte ihr, dass sie die Menschen zu ihrem Schicksal führen können.

Merida kann nicht glauben, dass Irrlichter existieren.

Königin Elinor

Die elegante Königin Elinor ist eine starke und weise Anführerin. Obwohl sie selten die Stimme erhebt, lässt ihr strenger Blick jedes Clanmitglied in seinem Kilt erzittern.

Meridas Mutter, Königin Elinor, regierte das Reich mit ihrem Mann, König Fergus. Die weise Frau strengte sich an, den Frieden zwischen den verschiedenen Highland-Clans zu wahren. Elinor liebte ihre mutige Tochter, wünschte sich aber, sie verhielte sich mehr wie eine traditionelle Prinzessin. Weil eine Prinzessin viel Verantwortung trug, versuchte Elinor, Merida ihr Wissen zu vermitteln. Ihrer Meinung nach hatte Merida die Pflicht, das zu tun, was gut für das Königreich war und nicht nur für sie selbst.

Goldkrone mit Juwel

Fürchtet Merida sich bei Gewitter, macht Elinor ihr Mut.

Beruf: Königin von DunBroch

Mag: Traditionen; ihre Pflichten als Königin erfüllen; Wandteppiche nähen

Mag nicht: Prinzessinnen mit Waffen – besonders, wenn sie sie auf dem Esstisch ablegen!

König Fergus

König Fergus ist stolz auf Merida. Sie ist robust, tapfer und mutig – wie er selbst. Er liebt seine Frau und seine Kinder und gibt sein Bestes, um sie alle glücklich zu machen.

Während Königin Elinor mit Anmut und Geduld regierte, war König Fergus wild und laut. Doch wegen seines guten Herzens und seines Humors war auch er beim Volk beliebt. Die Geschichten von seinen Heldentaten waren legendär. Vor vielen Jahren hatte er die Clans vereint und zum Sieg gegen Eindringlinge vom Meer geführt. Deshalb hatten die Clanchefs ihn zum König gewählt. Fergus würde alles tun, um sein Königreich und seine Familie zu beschützen. Er verlor sogar ein Bein, als er Merida vor dem riesigen Bären Mor'du rettete. Seitdem war er von der Bärenjagd besessen.

Fergus liebt es, mit seinen Drillingen zu spielen.

Titel: Der Bärenkönig

Ziel: Mor'du besiegen und den Verlust seines Beins zu rächen

Mag: Kampfgeschichten erzählen, mit Merida herumalbern, mit seinen Hunden spielen

Holzbein

Merida erklettert einen Felsen, auf den sich vorher nur die mutigsten Könige gewagt haben.

Merida

Merida wünscht sich, die Königin würde sich in ihre Lage versetzen. Sie will einfach nur sie selbst sein und sich nicht den ganzen Tag anhören müssen, wie man sich perfekt verhält.

Im Laufe der Jahre wuchs Merida zu einer willensstarken jungen Frau heran. Sie ließ sich nicht gerne etwas vorschreiben. Leider sah ihre Mutter das anders. Elinor fand, es sei an der Zeit, dass

Elinor kann Merida und ihre wilde Mähne nicht bändigen.

Eigener Bogen

Merida einen Ehemann fand, der half, das Königreich zu einen. Merida fühlte sich noch viel zu jung zum Heiraten und wollte frei sein, sich zu verlieben wann immer und in wen immer sie wollte.

Lieblingswaffe: Pfeil und Bogen – sie schießt nie daneben!

Mag nicht: Ihre Pflichten als Prinzessin; die Nörgelei ihrer Mutter

Größte Angst: Ihre Freiheit verlieren

Angus

Angus galoppiert mit Merida durch die Täler, wenn sie eine Pause von ihren königlichen Pflichten braucht. Er mag Erkundungstouren, fürchtet sich aber vor allem Magischem.

Schwarze Mähne

Manchmal schien es Merida, als ob nur ihr Pferd Angus ihr wirklich zuhörte. Die Ausritte mit ihm ließen sie all ihre Sorgen vergessen. Ihre Mutter hatte jedoch entschieden, dass es mit den Ausritten und Erkundungstouren nun vorbei war. Sie lud die drei Lords des Königreichs und ihre Erstgeborenen in die Burg ein. Die Söhne sollten in einem Wettkampf gegeneinander antreten – der Sieger bekäme Merida zur Frau!

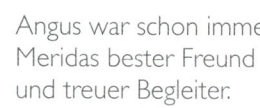

Angus war schon immer Meridas bester Freund und treuer Begleiter.

Beste Freundin: Merida

Mag: Mit Merida erkunden gehen, durch den Wald reiten

Mag nicht: Irrlichter und andere magische Wesen

Leibspeise: Hafer

Die drei Clans segeln über den See.

Jeder der drei Lords wollte, dass sein Sohn gewann. Wie Merida waren jedoch auch die Söhne unglücklich über die geplante Hochzeit. Sie wagten es aber nicht, ihre Väter zu missachten. Zum Glück war Merida viel mutiger als sie und fasste einen geheimen Plan. Nach schottischem Recht durfte der Erstgeborene jedes Clans am Wettbewerb teilnehmen. Merida erkannte, dass das auch sie als Erstgeborene von DunBroch einschloss!

Der junge MacGuffin ist ein nervöses Kerlchen. Wird er einen Treffer landen?

Als Prinzessin durfte sie die Disziplin wählen. Da sie im Bogenschießen gute Chancen hatte, entschied sie sich dafür. Der junge MacGuffin war als Erster an der Reihe.

Die MacGuffins

Die großen MacGuffins sind berühmt für ihre Stärke. Lord MacGuffin behauptet, dass sein Sohn einmal 2000 Feinde mit bloßer Hand erledigt habe. Der junge MacGuffin jedoch ist sanft und hasst das Kämpfen.

Dichter Bart

Robuste Stiefel

Clansymbol: Ein Kessel

Mögen: Lord MacGuffin mag die Schlacht, doch sein Sohn will Freundschaft schließen – leider versteht ihn niemand!

Fähigkeiten: Beide MacGuffins sind sehr zäh und stark.

Die Macintoshs

Lord Macintosh ist stolz, einen Clan wilder Krieger anzuführen. Sein Sohn ist aber eher zerbrechlich als wild. Er bricht sofort in Tränen aus, wenn mal etwas nicht nach seinem Kopf geht.

Die Clanmitglieder schauten zu, wie der Schuss des jungen Mac-Guffin knapp das Ziel verfehlte. Merida und Fergus scherzten, dass seine Stärke wohl eher das Baumstammwerfen war! Als nächstes war der eitle Macintosh-Junior an der Reihe. Als auch er nicht ins Schwarze traf, verlor er die Beherrschung. Er fing an zu schreien und warf seinen Bogen in die Menge! Merida und Fergus waren alles andere als beeindruckt von dieser kindischen Reaktion und kicherten. Elinor wünschte sich, die beiden würden den Wettbewerb ernst nehmen – es ging schließlich um die Zukunft des Königreichs!

Macintosh Junior bekommt einen Wutanfall, als er daneben trifft.

Kriegs-bemalung

Clansymbol: Eine Leier

Mögen: Ihr langes schwarzes Haar. Macintosh-Junior beeindruckt die Damen gerne mit seinen Muskeln.

Mögen nicht: Beleidigt werden

Schottenrock

Der letzte Kandidat war Klein-Dingwall. Anfangs hatte Merida Mitleid mit dem mageren Jungen, der aussah, als könne er nicht einmal seinen Bogen halten. Als er jedoch wie durch ein Wunder mitten ins Ziel traf, war sie ernsthaft besorgt, ihn heiraten zu müssen. Es war Zeit, ihren Plan in die Tat umzusetzen. Als Erstgeborene des DunBroch-Clans wollte Merida ihre eigene Hand gewinnen – und traf drei Mal ins Schwarze! Sie war sehr stolz auf sich, aber ihre Mutter war wütend.

Die Dingwalls

Lord Dingwall ist ein jähzorniger Highlander, der lieber kämpft als redet. Sein Sohn ist viel ruhiger. Als der Lord jedoch die Hilfe seines Sohnes benötigt, erweist der sich als rauflustiger Kämpfer!

Langer Schnurrbart

Dürre Ärmchen

Zur Überraschung aller gewinnt Merida das Schießen.

Clansymbol: Ein Fels

Mögen nicht: Lord Dingwall findet sich zu klein und steht gerne auf einem Hocker.

Talente: Klein-Dingwall mag harmlos aussehen, doch er beißt seine Gegner.

Prinzessin wider Willen

Meridas Mutter zwingt sie, zum Wettbewerb ein enges, unbequemes Kleid zu tragen. Als Merida beim Bogenschießen antritt, zerreißt sie ihr Kleid und sie befreit ihr widerspenstiges Haar.

Elinor war verletzt und beschämt und fürchtete, dass Meridas Verhalten zum Krieg zwischen den Clans führen würde. Doch Merida konnte nicht fassen, dass Elinor noch immer nicht hörte, dass sie gar nicht heiraten wollte. Mutter und Tochter wurden immer wütender aufeinander, bis Merida einen wertvollen Wandteppich ihrer Mutter zerschnitt und Elinor Meridas Bogen ins Feuer warf. Elinor bereute ihre Tat sofort, doch Merida war so aufgebracht, dass sie mit Angus davongaloppierte.

Haar verborgen

Im engen Kleid kriegt man schlecht Luft.

Feine Stickerei

Merida ist es egal, dass der Teppich kaputt ist.

Hexe

Die Hexe sieht aus wie eine gewöhnliche alte Frau. Ihr sprechender Rabe und ihr Zauberbesen verraten jedoch, wer sie wirklich ist. Sie schnitzt lieber, als dass sie zaubert – das geht deutlich einfacher.

Merida erinnert sich an die Worte ihrer Mutter über Irrlichter: Sie muss ihnen folgen.

Merida ritt bis zu einem alten Steinkreis. Dort sah sie Irrlichter, die sie zu einer geheimnisvollen Hütte führten. Die alte Frau, die dort lebte, war eine Hexe. Merida dachte, dass sie vielleicht all ihre Probleme lösen könnte. Sie bat die Hexe um einen Zauber, der ihre Mutter veränderte. Die Hexe stimmte zu und gab Merida einen verwunschenen Kuchen. Wenn ihre Mutter ihn äße, würde sich Meridas Schicksal für immer verändern.

Sprechender Rabe

Dürre Finger

Beruf: Schnitzerin. Und Hexe, aber das hängt sie nicht an die große Glocke!

Mag nicht: Undankbare Kunden

Lieblingsausflug: Zum Besenrodeo auf dem Blocksberg

Maudie

Die Magd Maudie soll sich um die Drillinge kümmern. Die meiste Zeit verbringt sie jedoch damit, sich vor ihren Streichen zu schützen und sie davon abzuhalten, zu viel Kuchen zu essen. Kein leichter Job!

Haube

Frisch gebackene Küchlein

Mag: König und Königin bedienen; mit anderen Dienern tratschen

Mag nicht: Von den Drillingen geärgert und ausgetrickst werden

Ziel: Die Drillinge daran hindern, unartig zu sein

Als Merida zur Burg zurückkehrte, war ihre Mutter überglücklich, sie zu sehen. Sie bestand jedoch darauf, dass Merida heiraten musste. Verzweifelt gab Merida ihr den Kuchen. Nach nur einem Bissen fühlte Elinor sich unwohl. Merida hoffte, sie würde nun ihre Meinung über die Hochzeit ändern. Nie hätte sie erwartet, was stattdessen geschah: Elinor verwandelte sich in einen riesigen Bären! Merida wusste: Sie musste den Bären aus der Burg schaffen, bevor Fergus ihn entdecken und jagen würde! Doch bevor sie den Ausgang erreichten, erblickte Maudie, die Magd, Elinor und schrie lauthals.

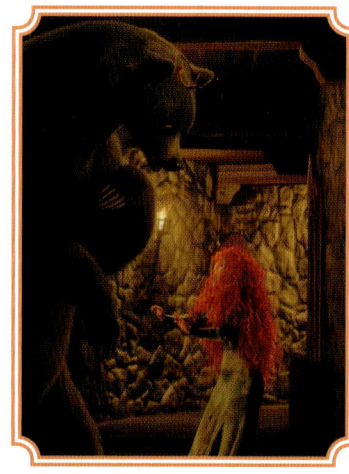

Elinor ist nun so groß, dass sie sich unmöglich in der Burg verstecken kann.

Merida bat ihre Brüder um Hilfe bei der Flucht. Die kleinen Strolche lenkten ihren Vater und die Clanmitglieder mit Bärengebrüll ab und schickten sie auf eine wilde Verfolgungsjagd durch die Burg. So konnten sich Elinor und Merida unbemerkt hinausschleichen.

Die Drillinge brüllen in Schüsseln, um wie echte Bären zu klingen.

Zur Belohnung erlaubte Merida ihren Brüdern zu essen, was sie wollten. Sie entdeckten den Zauberkuchen und verwandelten sich in Bärenjunge!

Hamish, Harris und Hubert

Frech, laut, aber absolut liebenswert: Hamish, Harris und Hubert bieten Streiche im Dreierpack. Sie fürchten sich vor gar nichts und himmeln ihre Schwester an.

Rote Locken

Mögen: Süßigkeiten mopsen, Streiche spielen, Unfug machen

Mögen nicht: Fergus' Geschichten – sie kennen sie schon auswendig

Ungeliebtes Essen: Gefüllter Schafsmagen

Bis der Zauber gebrochen ist, hat Merida kleine Bärenbrüder.

Elinor der Bär

Elinor gefällt es nicht, ein tapsiger Bär zu sein. Sie hat keinen Schimmer, wie man in der Wildnis überlebt, doch zum Glück kann Merida helfen. Zum ersten Mal bringt sie Elinor etwas bei, nicht umgekehrt.

Merida zeigt Elinor, wie man im Fluss Fische fängt.

Scharfe Klauen

Glänzender dichter Pelz

Merida wollte Elinor zur Hexe bringen, doch die Alte war verschwunden und hatte nur eine verwirrende Nachricht hinterlassen: „Knüpfe neu das Band, Stolz nur Kummer bringt." Andernfalls würde Meridas Mutter nach dem zweiten Sonnenaufgang für immer ein Bär bleiben. Während Merida die Botschaft entschlüsseln wollte, merkten sie und ihre Mutter, dass sie viel voneinander lernen konnten. Schließlich verstand Merida, wie sie Elinor retten konnte: Sie mussten den Wandteppich flicken! Merida und Elinor kehrten zur Burg zurück, doch Fergus sah sie. Weil er nicht wusste, dass der Bär seine Frau war, jagte er ihn fort.

Nachdem sie den Wandteppich geflickt hatten, eilte Merida los, um ihren Vater aufzuhalten, wurde aber von Mor'du ange-griffen. Die mutige Elinor rettete Merida kurz vor dem zweiten Sonnen-aufgang. Schnell legte das Mädchen den Teppich über

Mor'du ist stark und wild. Elinor setzt all ihre Kraft ein, um Merida zu schützen.

Elinor. Als nichts geschah, weinte Merida und sagte Elinor, wie sehr sie sie liebte. Da wurde ihre Mutter plötzlich wieder ein Mensch! Endlich hatten Elinor und Merida gelernt, einander zuzuhören.

Ihre Liebe zueinander hat ihr Schicksal verändert.

Mor'du

Der blutrünstige, grausame Mor'du war einst ein mächtiger Prinz, doch ein Zauber der Hexe hat ihn in einen Bären verwan-delt. Erst als Elinor und Merida ihn besiegen, ist der Fluch gebrochen und die Seele des Prinzen ist frei.

Zottelfell

Reiß-zähne

Zuhause: Die Ruinen seiner alten Burg

Stärke: Die Kraft von zehn Männern

Mag: Stärker als alle anderen sein, Feinde um jeden Preis besiegen

DK London
Lektorat Victoria Taylor
Bildredaktion Lynne Moulding, Maxine Pedliham
Redaktion Lisa Stock
Redaktionsassistenz Lauren Nesworthy
Gestaltung Lisa Robb
Herstellung Jennifer Murray, David Appleyard
Cheflektorat Laura Gilbert
Projektleitung Julie Ferris
Art Director Lisa Lanzarini
Programmleitung Simon Beecroft
Text Beth Landis Hester, Catherine Saunders

DK Delhi
Lektorat Garima Sharma
Redaktion Rahul Ganguly
Bildredaktion Neha Ahuja, Suzena Sengupta, Pranika Jain
Cheflektorat Chitra Subramanyam
DTP-Design Umesh Singh Rawat

Für die deutsche Ausgabe:
Programmleitung Monika Schlitzer
Projektbetreuung Anna-Selina Sander
Herstellungsleitung Dorothee Whittaker
Herstellungskoordination Katharina Dürmeier
Herstellung Sophie Schiela

Übersetzung Kristine Harth
Lektorat Anke Wellner-Kempf

ISBN 978-3-8310-2717-0

Color reproduction by Alta Image Ltd, UK
Druck und Bindung Leo Paper Products, China

Besuchen Sie uns im Internet
www.dorlingkindersley.de

Dank
Der Verlag dankt Ryan Ferguson
und Chelsea Alon von Disney
Publishing.